O DESTINO DO HOMEM E DO MUNDO

Ensaio sobre a vocação humana

Dados Internacionais de Catalogação na Publicação (CIP)
(Câmara Brasileira do Livro, SP, Brasil)

Boff, Leonardo
O destino do homem e do mundo : ensaio sobre a vocação humana / Leonardo Boff. – 12. ed. – Petrópolis, RJ : Vozes, 2012.

Bibliografia.
ISBN 978-85-326-0502-3

1. Vocação I. Título.

07-4099 CDD-248.4

Índices para catálogo sistemático:
1. Vocação : Cristianismo 248.4

Leonardo Boff

O DESTINO DO HOMEM E DO MUNDO

Ensaio sobre a vocação humana

Petrópolis

© by Animus / Anima Produções, 2003
Caixa Postal 92.144 – Itaipava
25750-970 – Petrópolis – RJ

Direitos de publicação em língua portuguesa:
1973, Editora Vozes, Ltda.
Rua Frei Luís, 100
25689-900 Petrópolis, RJ
Internet: http://www.vozes.com.br
Brasil

Imprimatur
† Dom Pedro Paulo Kopp
Bispo Diocesano de Lins, SP
Lins, 20 de agosto de 1973

Assessoria Jurídica e Agenciamento Literário:
Cristiano Monteiro de Miranda
(21) 9385-5335
cristianomiranda@leonardoboff.com

Todos os direitos reservados. Nenhuma parte desta obra poderá ser
reproduzida ou transmitida por qualquer forma e/ou quaisquer meios
(eletrônico ou mecânico, incluindo fotocópia e gravação) ou arquivada em
qualquer sistema ou banco de dados sem permissão escrita da Editora.

Diretor editorial
Frei Antônio Moser

Editores
Aline dos Santos Carneiro
José Maria da Silva
Lídio Peretti
Marilac Loraine Oleniki

Secretário executivo
João Batista Kreuch

Projeto gráfico: Alex M. da Silva
Capa: Adriana Miranda

ISBN 978-85-326-0502-3

Editado conforme o novo acordo ortográfico.

Este livro foi composto e impresso pela Editora Vozes Ltda.

Queria dedicar esse livro à minha mãe. Mas isso não a faria alegre porque não sabe ler. Contudo aprendeu a viver. Ela só frequentou a escola da vida. Por isso dedico-o às minhas irmãs Tarcila, Clotilde e Cláudia. Elas sabem ler e viver. Delas aprendi coisas que nenhuma escola, senão a da vida, pode ensinar.

Sumário

Carta-Prefácio, 11

1. Vocação transcendental e escatológica da criação toda, 17
   1.1 Em busca de sinais precursores, 18
   1.2 O encontro do sentido latente, 23
   1.3 Ter fé é dizer sim e amém à bondade da vida!, 31
2. Vocação transcendental e escatológica do homem, 34
   2.1 Um sentido para os vencedores e arrivistas?, 34
   2.2 Um futuro para os vencidos e humilhados?, 35
   2.3 A memória da paixão e da ressurreição de Jesus Cristo, 36
3. A vocação transcendental e escatológica do homem e as vocações terrenas, 38
4. O caráter absoluto da vocação transcendental e escatológica e relativo das vocações terrenas, 40
5. A função desdramatizadora da fé na vocação transcendental e escatológica, 42
6. A vocação terrestre fundamental do homem, 44
   6.1 O homem é um ser chamado a dominar a natureza e a ser senhor, 45
   6.2 O homem é um ser chamado a conviver com outros e a ser irmão, 46
   6.3 O homem é um ser chamado a adorar a Deus e a ser filho, 47

6.4 O homem perfeito, 47

6.5 O homem integrado, 48

7. Maneiras de realizar a dimensão para o mundo: as profissões, 54

7.1 Elementos de uma teologia do trabalho, 55

7.2 As profissões, 56

7.3 Elementos de uma teologia da técnica, 58

7.4 Elementos de uma teologia do lazer, 61

7.5 Teologia da Libertação: relevância teológica do processo social, 61

7.6 Elementos de uma teologia da secularização, 63

8. Maneiras de realizar a dimensão para o outro: os serviços, 65

8.1 O homem como pessoa. A pessoa é para outra pessoa, 66

8.2 A humanidade como homem e mulher: teologia da sexualidade, 71

8.3 Elementos de teologia sobre as relações sociais, 80

9. Maneiras de realizar a dimensão para Deus: as vocações, 83

9.1 Reflexões teológicas sobre a consciência e a história como lugares da revelação de Deus, 85

9.2 A vocação do homem para entrar na Igreja, o lugar público da revelação, 97

9.3 O sentido de ser cristão explícito hoje, 99

9.4 As vocações dentro da Igreja, 101

9.5 O sacerdócio: vocação e missão de todos os leigos por modos diferentes, 102

9.6 O sacerdócio ministerial: serviço de unidade e reconciliação dentro da comunidade dos fiéis, 122

9.7 O sacramento do matrimônio: símbolo do amor de Deus para com os homens no tempo presente, 148

9.8 A vida religiosa: símbolo do amor de Deus para com os homens do mundo futuro, 170

9.9 A raiz fontal da vocação religiosa cristã, 180

10. Conclusão: No caminho se encontra a chegada, 196

Livros de Leonardo Boff, 199

Carta-Prefácio

Frei Leonardo,

Terminando a leitura do seu manuscrito *O destino do homem e do mundo – Ensaio sobre a vocação humana* preferi escrever-lhe bem mais uma carta do que um prefácio.

Você se aproxima desta interrogação essencial que é o sentido da presença e da tarefa do homem no mundo com extrema sensibilidade. Sensibilidade para a realidade que muda e que impõe ao homem novos desafios e o solicita para novas tarefas e sensibilidade para o mistério de cada pessoa chamada a responder a estes desafios e a assumir estas tarefas, com liberdade e responsabilidade. Sensibilidade ainda ao que você chamou de princípio-esperança, esta utopia que constitui o horizonte sem fronteiras do humano e o abre através do sim à vida, ao que é plenitude e ilimitado para a presença de Deus na história e em sua própria vida.

É no coração da vocação terrestre do homem que se realiza através das diferentes profissões e serviços que ele assume, que você situa a vocação maior: o esforço para desvendar e viver constantemente a relação com a totalidade da realidade que inclui o mundo, os outros homens seus irmãos e Deus como Pai e Criador.

Em Jesus Cristo você apresenta o homem que conseguiu de forma integradora viver uma relação plenamente filial face a Deus, eliminando tanto o medo como a rebeldia; plenamente fraterna com todos os irmãos, suprimindo a dominação e a exploração; e de pleno senhorio frente ao mundo, afastando a escravização do homem às coisas.

João XXIII colocou entre as revoluções fundamentais da nossa época a mudança da condição da mulher e o papel crescente que ela assume no mundo do trabalho, na função pública e na Igreja. Você aborda em páginas de uma grande penetração este aspecto da vocação terrestre do homem e da mulher que é o seu encontro, acentuando o papel e a vocação da mulher no mundo de hoje. Dedicando à sua mãe e às suas irmãs este seu livro, você dá um belo testemunho sobre o que elas representam em sua vida: "Delas aprendi coisas que nenhuma escola, senão a da vida, pode ensinar". Uma revisão da teologia e da práxis da Igreja no que se refere à mulher tornou-se urgente e você não evita as questões por vezes incômodas neste terreno.

E para finalizar, Leonardo, você aborda a vocação humana que assume através de tarefas concretas um compromisso mais total com Deus; através do ministério pastoral na igreja profética e sacerdotal, da vida cristã professada no estado celibatário e no da virgindade, ou do matrimônio assumido como vivência do mistério cristão.

O que marca sua reflexão é a consciência dos muitos caminhos pelos quais pode se realizar o chamado de Deus e da multiplicidade de tarefas e ministérios dentro dos quais pode o homem tentar concretamente a realização da sua vocação.

Chegará o homem a realizar a sua vocação? Você traz uma resposta fecunda a esta interrogação dizendo que o ponto de chegada não se encontra em nenhum ideal distante, mas no próprio caminhar. "O ponto final não está no término do caminho, mas em cada passo dado com sinceridade. Aí Deus se dá na gratuidade e no dom, embora sob forma imperfeita e transitória. Saborear e celebrar na jovialidade divina o encontro com Deus e com seu Mistério encarnado em Jesus Cristo, dentro das vocações terrestres e relativas: eis a essência do ser-cristão e a raiz fontal de toda a vida religiosa cristã."

Leonardo, você presta um grande serviço aos homens neste momento de busca, mostrando como no relativo de nossas vocações terrestres passa um sopro de absoluto, sem divorciar em momento nenhum nossa tarefa de homens de nossa tarefa de cristãos.

Apresento com alegria seu livro que abre um largo horizonte perante os olhos e o coração daqueles que procuram com sinceridade assumir sua vocação humana assim como a vocação que ultrapassa o próprio homem.

Lins, 20 de agosto de 1973.

† Pedro Paulo Koop, MSC
Bispo da Igreja que está em Lins

Esquema fundamental do livro

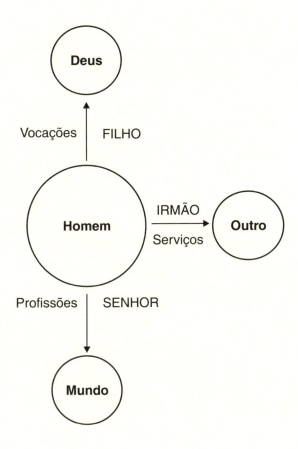

1
Vocação transcendental e escatológica da criação toda

Vocação é um chamamento, uma destinação e um futuro[1]. Perguntar pela vocação de alguma coisa ou de alguém é perguntar a que ele está destinado e a qual futuro está chamado. A vocação orienta-se eminentemente para um futuro. Deve realizar-se no presente, mas sempre como abertura e chance para o futuro. Por isso a vocação é uma tarefa constantemente a ser realizada. Na raiz da palavra vocação está a palavra *vox, vocis, voz*. Que voz se faz ouvir dentro da vida do homem e do mundo que constitui a cantiga essencial e o sentido profundo do mundo e do homem? A que eles são chamados e vocacionados?

Por vocação transcendental e escatológica da criação toda entendemos aquela vocação que se apresenta como a derradeira (escatológica) e que transcende (transcendental) as

---

[1]. A bibliografia sobre o tema *vocação* é muito extensa como se pode ver na orientação bibliográfica recolhida pela revista *Verdad y Vida* 27 (1969), p. 251-291. Além disso destacamos: FRANQUESA, P. "Teologia de la vocación y la problemática actual". *Vida Religiosa* 25 (1967), p. 509-516. • VÁSQUEZ, A. El verdadero concepto de vocación. Desde una psicologia personalista con anotaciones teológicas". *Estudios* (Merced) 17 (1961), p. 301-317. • NICOLAU, M. "Esbozo de una teologia de la vocación". *Manresa* 40 (1968), p. 47-64. • BERNARD, Ch. "L'idée de vocation". *Gregorianum* 49 (1969), p. 459-509. • CONGAR, J.Y. "Vocation sacerdotale et vocation chrétienne". *Seminarium* 7 (1967), p. 7-16. Outra bibliografia será citada em seu devido lugar.

vocações e os fins imediatos e penúltimos que ela possa ter. Qual é a meta última e definitiva, não *deste* ou *daquele* setor da realidade, mas de *toda* a realidade por nós conhecida?

1.1 Em busca de sinais precursores

Semelhante questionamento global parece, para vastas áreas de nossa cultura ocidental, ter perdido seu sentido[2]. Segundo Herman Kahn e Anthony Wiener, do Hudson Institute, a sociedade atual e futura, empírica, mundana, humanística, pragmática, utilitária, epicureia e hedonista, afogou a sensibilidade para a pergunta de um sentido radical e último da realidade total que nos cerca[3]. Alguns teólogos, entre impressionados e apressados, tiraram as consequências de tal verificação, solicitando outros para uma solene e pública profissão de fé: A morte de Deus é um fato histórico de nosso mundo, de nossa história e de nossa existência[4]. Com isso confessam: à totalidade do mundo não preside um sentido derradeiro e transcendente, decifrado como Deus.

As consequências de tal orientação se fazem sentir profundamente na vida humana: esvaziamento de profundidade,

---

2. Cf. o importante livro de GOLLWITZER, H. *Krummes Holz aufrechter Gang* – Zur Frage nach dem Sinn des Lebens. Munique: Kaiser, Ch., 1971, onde tenta, numa ampla discussão com o pensamento moderno, ressituar a problemática do sentido da vida. Cf. LADRIÈRE, J. *L'articulation du sens. Discours scientifique et parole de la foi*. Paris: Aubier/Du Cerf, 1970; as interessantes obras do marxista GARDAVSKY, V. *Gott ist nicht ganz tot*. Munique: Kaiser, Ch., Munique 1969. • Id. *Hoffnung aus der Skepsis*. Munique: Kaiser, Ch., Munique 1970, onde se recupera a temática cristã dentro de uma discussão com o marxismo. Da mesma forma HORKHEIMER, M. *Die Sehnsucht nach dem ganz Anderen* (Studenbücher 97). Hamburgo, 1970.
3. Cf. KAHN, H.& WIENER, A. *The Year 2000* – A Framework for Speculation on the Next Thirty Years. Nova York: Macmillan, 1967, p. 7.
4. Cf. ALTIZER, J.J. & HAMILTON, W. *Radical Theology and the Death of God*. Indianápolis: Bobbs-Merril, 1966, p. 11. • BISHOP, J. *Os teólogos da morte de Deus*. São Paulo: Herder, 1970. • FRIES, H. & STAHLIN, R. *Gott ist tot?* Munique: Südwest Verlag, 1969.

predomínio da dominação, manipulação despersonalizadora do homem, triunfo do cálculo frio dos dados sobre a graciosa consideração da pessoa, poderosa sobre-estrutura em termos de *ter* com crescente fraqueza de seu suporte em termos de *ser*. A consequência da morte de Deus em nossa cultura, já o observava Nietzsche[5], consiste na perda da jovialidade. A jovialidade (vem de *Jupiter, Jovis*, deus supremo dos romanos) representa, como veremos a seguir, o momento de transcendência e gratuidade que irrompe dentro da monotonia da vida e que nos faz exclamar: apesar de tudo, vale a pena viver!

Contudo devemos constatar o seguinte fato: o determinante de nossa cultura técnica e secular que começou a predominar a partir do século XVI não reside na preocupação pelo último sentido de tudo. O homem não se sente sempre e em cada lugar diante de Deus. A numinosidade divina não o envolve como em eras passadas. O mundo deixou de ser transparente para Deus: a realidade transformada pelo trabalho fala mais do homem, seu artífice, que de Deus, seu Criador. Deus se evadiu do horizonte da consciência histórica. Embora não seja um ausente, é contudo um grande invisível em nosso mundo científico-técnico. O fator determinante reside na preocupação com tarefas de construção e planejamento da realidade mundana e social. O econômico e o político constituem a infraestrutura das demais determinações de nossa cultura. O religioso e o cultual, outrora polos orientadores da atividade humana, assumem caráter adjetivo; foram privatizados e deixados à esfera do pessoal e individual.

---

5. Cf. *Fröhliche Wissenschaft III*, aforismo 343 e 125. Darmstadt, 1960, p. 205 e 126-127. • COX, H. *The Feast of Fools*. Cambridge: Harvard Univ., 1970, p. 41-67. • MOLTMAN, J. *Die ersten Freigelassenen der Schöpfung* – Versuche über die Freude an der Freiheit und das Wohlgefallen im Spiel. Munique: [s.e.], 1971.

Em consequência disso, o interesse pela pergunta de um sentido último e derradeiro do mundo perdeu relevância social e epocal. Tal fenômeno vem agravado pelo processo de planetização e pelo universalismo do espírito de nosso tempo. Os multiformes canais de informação nos colocam em contato com toda a sorte de experiências humanas, religiosas e culturais do passado e do presente. Descobrem-se nelas valores novos, modelos diferentes de interpretar e organizar a vida humana, de compreender e valorizar os comportamentos éticos do homem e formas diversas de relacionamento dos homens entre si e com a Divindade. É difícil detectar um sentido único e último e ver um plano harmonioso e universal para toda esta gama de manifestações do espírito humano. Parece que há muitos caminhos e não um apenas.

Ademais, o homem moderno fez a amarga experiência do absurdo coletivo, da aniquilação feroz em guerras mundiais e da radicalidade dos conflitos sociais e ideológicos. A escatologia se profanizou. Não somente Deus, mas também o homem pode pôr termo à história e ao mundo. O sentido de tudo passa de alguma forma por suas mãos. Ele pilota o destino do processo evolutivo e é responsável pelo seu sucesso ou insucesso. Que isso tudo possua um destino transcendente e escatológico, parece-lhe inverossímil. A história é profundamente ambígua. O bem e o mal, a justiça e a injustiça, a comunidade e o fechamento fazem concorrência entre si.

A lei que preside ao cosmos pode ser traduzida em termos de: *Mors tua vita mea* (a tua morte é a minha vida). Há cataclismos absurdos que dizimam milhares de pessoas. Pertence à natureza do gato comer o rato. E este por sua vez comer outros animaizinhos. O caminho ascendente da evolução mostrou que vastas porções da realidade definharam a um estádio do processo convergente, mirraram e se marginalizaram numa vida sem futuro até desaparecerem por completo. Que sentido possui tudo isso? A pergunta se torna angustiante quando tomamos consciência que civilizações inteiras desapareceram da face da história sem deixar qualquer contribuição significativa para a evolução posterior. Que é o sistema solar (nem falemos da terra) quando comparado com a extensão quase infinita do universo em expansão contínua e como um sistema aberto?

Como é frágil a existência humana, perdida entre o infinitamente pequeno do microcosmo e o infinitamente grande do macrocosmo! Que conta ela? Embora o homem seja o infinitamente complexo e tenha consciência de que um só ato de inteligência e de amor vale mais do que toda a quantidade de matéria do cosmo, contudo não vê claro qual seja o sentido derradeiro desta sua complexidade. As próprias religiões em grande parte malograram no intento de libertar o homem para o outro e para o Absoluto.

Em face de semelhante problemática comunicada sub-reptícia ou claramente por todas as vias de informação não nos devemos admirar se a consciência do Transcendente tenha caído no esquecimento. Tramontou a consciência de que o nome *Deus* representa o símbolo para o destino radical e derradeiro de toda a realidade. E esse ocaso é uma consequência da estrutura de nosso pensar técnico e científico que atomizou a realidade em campos de especialização, planejando, manipulando e dominando o mundo circunstante.

Em vista disto muitos homens, filhos desta cultura, especialmente provindos das ciências experimentais se situam céticos frente à pergunta pelo fim último de tudo.

21

Poper, representando toda uma tendência atual, afirma em seu conhecido livro *A Sociedade aberta e seus inimigos*:

A história não tem sentido. O sentido reside unicamente nas funções intramundanas. A totalidade das funções contudo não possui nenhum sentido. Com isso não se quer dizer que não se deva fazer nada. Se a história não possui sentido, nós porém podemos conferir-lhe um, em função de uma sociedade aberta, do domínio da razão, da justiça, da liberdade, da igualdade e do controle do crime internacional[6].

Jacques Monod, Prêmio Nobel de Biologia, rompendo a abstinência filosófica de muitos e grandes cientistas de hoje, afirma como conclusão de suas reflexões sobre a filosofia natural da biologia moderna:

É supérfluo buscar um sentido objetivo da existência. Ele simplesmente não existe. O homem não é um elemento dentro de um plano que preside todo o universo. É o produto do mais cego e absoluto acaso que imaginar se possa. Os deuses estão mortos e o homem está só no mundo. Ele é apenas aquilo que ele mesmo fizer de si mesmo. Demócrito tem razão: tudo o que existe no universo é fruto do acaso e da necessidade. O mito de Sísifo é verdadeiro: o homem está só e o rochedo ainda rola e rolará sempre[7].

Outros professam o agnosticismo e o ateísmo. Apelam para os absurdos inegáveis para fundamentar experiencialmente suas opções fundamentais. Que tais absurdos existam basta recordarmos as páginas terríveis de Dostoievski *Irmãos Karamazovi*[8] ou de *A peste* de Albert Camus[9].

---

6. *Falsche Propheten. Hegel, Marx und die Folgen* – Die offene Gesellschaft und ihre Feinde II. Berna, 1958, esp. p. 344.
7. MONOD, J. *O acaso e a necessidade*. Petrópolis: Vozes, 1970, p. 198.
8. Edição da Ed. Abril (Os imortais da literatura universal, 1). São Paulo, 1971, p. 179-184.
9. Ed. Gallimard, Paris 1957, p. 174: Diz o médico Rieux: "Eu me recuso até à morte a amar esta criação onde as crianças são torturadas".

A crise do sentido estourou com especial virulência entre os estruturalistas, especialmente com C. Lévi-Strauss e Lacan[10]. O sentido da realidade não é, afirmam eles, um fenômeno original e radical. É um efeito superficial e redutível a um *non-sense*. A estrutura inconsciente é que sustenta todas as articulações. O homem não fala nem pensa; é pensado e falado pela estrutura que está nele. Que é essa estrutura? Ela não pode ser qualificada por nenhuma palavra, porque toda palavra precisa da estrutura e do sistema para se articular. O homem está preso a isso. É um sujeito? É um nada? É um *Es*? C. Lévi-Strauss conclui seu livro, admirável por outros títulos, *Tristes tropiques* com as sentenças desencorajantes: "O mundo começou sem o homem e terminará sem ele. As instituições, os costumes que eu teria passado minha vida a inventariar e a compreender, são uma eflorescência passageira de uma criação em relação com a qual elas não têm sentido, senão, talvez, aquele que permite à humanidade desempenhar seu papel"[11]. O estruturalismo apresenta o mundo como um apelo para algo que está para além dele, uma antropologia que se recusa explicar o homem pelo homem mesmo, mas por algo que está para além dele (estrutura e sistema), mas se nega a afirmar essa realidade-suporte de tudo. É um mundo e um homem sem totalidade e sem centro.

1.2 O encontro do sentido latente

Mas será que o homem não é exatamente o inverso do relógio? O relógio funciona em si mesmo e anda con-

---

10. Cf. o inteligente livro de LEPARGNEUR, H. *Introdução ao Estruturalismo*. São Paulo: Herder, 1972, especialmente o apêndice Estruturalismo e fé cristã, p. 133-165.
11. LÉVI-STRAUSS, C. *Tristes tropiques*. Paris: Plon, 1955, p. 477-478.

forme seus mecanismos imanentes. O homem, que não é um relógio, anda bem se estiver em sintonia permanente com o centro fora dele. Por isso ele vive na extrapolação e nas trans-cendências. Que é essa transcendência? Como se manifesta esse centro?

Será realmente verdade que o homem comum de nosso tempo é tão antimetafísico a ponto de negar-se à abertura para um sentido radical? Ou a pergunta por esse sentido último é feita e afirmada, mas de forma latente? Ela certamente não ocupa mais o centro visível e fenomenológico dos interesses, mas está bem presente na estrutura mesma de nosso modo de ser. O problema reside em detectá-la, desentranhá-la, articulá-la e tematizá-la, tirando-a de sua sombra e latência. Já Kant observava:

> Que o espírito humano um dia abandone definitivamente as interrogações metafísicas, é tão inverossímil quanto esperar que nós, para não inspirarmos ar poluído, deixássemos, uma vez por todas, de respirar[12].

Porque o sol tramontou no horizonte de nossa vida, não significa que tenha deixado de existir. Ele deixou a noite que conhece o arrebol e os sinais precursores de seu renascer. Pelo fato de as nuvens cobrirem de vez em quando o Cristo do Corcovado, não significa ainda que a estátua soberba tenha sido destruída e tenha deixado de estender seus braços e abençoar a ambígua terra dos homens. Ele sempre poderá revelar-se. Não haverá sinais precursores para essa revelação? Não haverá dentro da realidade secular anjos-mensageiros que apontem para uma transcendência, para um sentido mais profundo e último da realidade que vivenciamos?

---

12. *Prolegomena zu einer jeden künftigen Metaphysik*, A 192. Kants Werke, publicadas por W. Weischedel, 3 vols., p.245.

Talvez existam dentro da situação humana gestos, perspectivas e comportamentos, que, embora mecanizados, evidentes e até banalizados, signifiquem e contenham os sinais precursores de um sentido latente da vida. Eles precisam ser decodificados. Precisamos descobrir a profundidade escondida dentro da banalidade e detectar a estrutura radical atrás ou para além das evidências quotidianas. Tentaremos aqui assinalar alguns desses "sacramentos" que significam e contêm o sentido de tudo.

O estruturalismo coloca a pergunta, mas se nega a fornecer uma resposta, porque se recusa a acolher o que escapa às suas análises. Não deixa o mistério ficar mistério, nem quer nomeá-lo. E o mistério é a vida do homem.

1.2.1 A seta da evolução convergente

Se olharmos retrospectivamente a história evolutiva do mundo e do homem, constatamos certamente uma pluriformidade rica de dimensões, contradições de toda ordem e uma renhida luta entre as forças de ascensão e de descensão. Por mais ambíguo que se apresente esse processo, não podemos contudo deixar de observar que a totalidade seguiu uma linha mais ou menos retilínea: da cosmogênese a evolução atingiu o limiar da biogênese; a biogênese desembocou na antropogênese; a antropogênese permitiu, pelo menos na compreensão cristã, a emergência da cristogênese como aquele momento da consciência que se identifica com a Divindade.

Apesar de todas as reservas e ambiguidades não se pode negar que "a meta da evolução do cosmo anorgânico esteve aí para possibilitar a emergência da vida; o sentido da evolução da vida sobre toda a terra consistiu em possibilitar o surgimento do homem em sua unidade corpo-espírito. E qual é o sentido da humanidade que se espalha por toda a terra? Existe também para ela um sentido superior, ao qual se ordena?"[13] Se até aqui houve uma linha ascendente que, a despeito dos contrassensos, foi-se impondo, podemos esperar que ela continue a vigorar até uma derradeira convergência?

O passado nos desvenda um sentido do presente e nos sugere que ele triunfará como triunfou outrora. Os dinamismos da matéria e do espírito, embora entre si dialéticos e em permanente tensão, impulsionam a busca de uma permanente ascensão[14]. A própria consciência do absurdo só é possível no horizonte da consciência do sentido buscado e amado como realização e plenitude do homem e do mundo. Vigora uma ordem na raiz do ser que constitui o vigor nascivo de cada coisa que se ordena dentro de um todo. Esse aspecto se desvela melhor se considerarmos uma outra evidência quotidiana e banal: a confiança fundamental e pré-reflexa que possuímos na bondade da vida.

1.2.2 A confiança na bondade fundamental da vida

Embora o homem faça a experiência do absurdo e este lhe pareça sempre como um problema e como um mistério, contudo não deixa de confiar na bondade radical da vida. Levanta-se de manhã, vai ao seu trabalho, luta pela família, sacrifica-se pelos filhos, engaja-se na construção de um mundo mais fraterno, é capaz de, em casos extremos, oferecer a vida na defesa de valores vitais. O que se esconde atrás de tais gestos talvez banais e quotidianos? Não se esconde neles a verdadeira radicalidade do ser? Aí se afirma inconsciente e pré-reflexamente: a vida é boa! Vale a pena viver e se sacrificar!

---

13. HAAG-HAAS-HÜRZELER. *Evolution und Bibel*. Freiburg: [s.e.], 1966, p. 84.
14. BERGER, L.P. *Um rumor de anjos* – A sociedade moderna e a redescoberta do Sobrenatural. Petrópolis: Vozes, 1973.

O grande sociólogo austríaco-americano Peter L. Berger no seu livro *Um rumor de anjos: a sociedade moderna e a redescoberta do sobrenatural* nota, como o fizera já antes magistralmente Eric Voegelin[15], que o homem possui uma tendência essencial para a ordem. Onde aparece o homem aí surge uma ordem de coisas, de valores e de comportamentos. Ele vive e sobrevive se conseguir organizar um arranjo existencial.

Essa tendência para a ordem pode cristalizar-se exemplarmente em alguns gestos que pertencem à banalidade da vida, como, por exemplo, no gesto da mãe que acalenta o filhinho. Este acorda sobressaltado dentro da noite. Grita por sua mãe, porque os pesadelos, a escuridão e o sentir-se só deixaram entrar o caos. A mãe se levanta, toma o filhinho no colo e acalenta-o no gesto primordial da *magna mater*, fala-lhe coisas doces, cerca-o de carinho e lhe diz: "Não tenha medo! Está tudo bem, meu querido! Está tudo em ordem!" A criança soluça, reconquista a confiança na realidade, um pouco mais e mais um pouco adormece reconciliada com as coisas.

Tal gesto pertence à rotina da vida. Mas esconde uma profundidade radical que se manifesta na pergunta: Será que a mãe não está enganando a criança? O mundo não está em ordem! Nem tudo está bem! Ambas, criança e mãe, irão, um dia, neste mundo, morrer. E contudo o sentimos: a mãe não mente à criança. O gesto da mãe revela a confiança de que, apesar das desordens que a razão prática possa apontar, impera uma ordem fundamental na realidade[16].

---

15. VOEGELIN, E. *Order and History*. Baton Rouge: Louisiana State Univ. Press, 1956. • GÖTZ, L. *Die Entstehung der Ordnung*. Zurique: [s.e.], 1954.
16. Esse exemplo é muito explorado por BERGER, L.P. *Um rumor de anjos.* [s.l]: [s.e.], p. 76-78.

Por isso no processo de personalização a confiança na bondade fundamental da vida desempenha um papel imprescindível. A tendência humana para a ordem implica a afirmação de uma ordem transcendente do próprio ser que se manifesta em gestos quotidianos e que fundamenta a certeza: na raiz da realidade não há mentira, nem caos, nem crueldade, mas amor, consolo e derradeiro aconchego.

1.2.3 Festejar é dizer: sejam bem-vindas todas as coisas!

A convicção profunda e até inconsciente da ordem radical do ser nos permite celebrar a festa. Pela festa, tanto no sacro como no profano, todas as coisas se reconciliam[17]. Por ela se celebra a alegria da vida: poder festejar é poder dizer: sejam bem-vindas todas as coisas[18]. Pela festa o homem rompe o ritmo monótono do quotidiano; faz uma parada para respirar e viver o sentido do estar-juntos, na amizade, na intimidade dos próximos e na jovialidade do comer e do beber. Na festa o beber e o comer não têm uma finalidade prática de matar a fome ou a sede. Mas de celebrar um encontro e de simbolizar uma amizade. Na festa, por um momento, o homem experimenta a eternidade; o tempo dos relógios como que é suspenso e é dado ao homem viver o tempo mítico da permanente presença na reconciliação de todos com todos.

Por isso, para se poder festejar, precisa-se da reconciliação prévia entre os participantes. Os inimigos e desconhecidos não participam da festa. A razão disso reside na própria es-

---

17. Cf. CALLOIS, R. "Théorie de la féte". *L'homme et le sacré*. Paris, 1950, p. 121-162. • PIEPER, J. *Zustimmung zur Welt* – Eine Theorie des Festes. Munique: [s.l.: [s.e.]. • RIZZI, A. "La festa verità dell'uomo". *Rivista Liturgica* 57 (170), p. 236-247.
18. Cf. NIETZSCHE, F. *Der Wille zur Macht*, livro IV: Zucht und Züchtigung n. 1.032. Vol. 2. Leipzig: Alfred Kroner Verlag, [s.d.].

trutura da festa. Ela supõe a ordem, a alegria na bondade das pessoas e das coisas. Por isso pertencem à festa a música, a dança, a gentileza, a finura, a pureza e a roupa festiva. Por esses elementos se traduz o *sim radical* que o homem diz ao mundo que o cerca, como sentido e como confiança em sua harmonia essencial.

1.2.4 O bom humor: a antecipatória participação na redenção

Essa última confiança dá origem ao senso de humor. Ter humor é possuir a capacidade de ver a discrepância, a incongruência e a incomensurabilidade entre duas realidades[19]. Poder ver tal discrepância é o específico do homem. Por isso existe humor propriamente só na esfera humana. Em que reside essencialmente o humor? Peter L. Berger sugere que o humor surge como reflexo da prisão do espírito no mundo[20]. O espírito revela uma dimensão maior que o mundo: pode olhar a partir de uma perspectiva mais alta; relativiza as várias articulações da vida humana, inclusive a própria tragédia.

O espírito dá-se conta de sua finitude. Com isso já superou a finitude. Por isso o humor constitui um sinal da transcendência, "uma antecipatória imitação na redenção"[21]. Somente aquele que é capaz de relativizar as coisas mais sérias, embora as assuma num efetivo engajamento, pode sorrir e ter bom humor. Esse já fez sua profissão de fé numa realidade que transcende as limitações deste mundo. Não é sem razão que um filósofo escrevia:

---

19. Cf. RAHNER, H. *Der spielende Mensch*. Einsiedeln: [s.e.] 1960. • CARRETERO, J.M. "Sobre el humor y la ascética". *Manresa* 38 (1966), p. 13-32. • BOFF, L. "A função do humor na teologia e na Igreja". *Vozes* 64 (1970), p. 570-572.
20. BERGER, L.P. *Um rumor de anjos*. [s.l.]: [s.e.], p. 94-102.
21. Ibid., p. 96.

A essência secreta do humor, por mais herético que isso possa parecer, reside na força da atitude religiosa. Pois o humor vê as coisas humanas e divinas na sua insuficiência diante de Deus[22].

1.2.5 A utopia: o concreto concretíssimo do homem

A raiz destas várias situações que remetem a uma transcendência está quiçá naquilo que na reflexão moderna se convencionou chamar de princípio-esperança[23]. Por princípio-esperança se entende o enorme e inesgotável potencial e dinamismo da existência humana que lhe permite dizer constantemente *não* a qualquer realidade concreta e limitada que encontra. O homem diz um *não* à morte, às limitações espaçotemporais, aos modelos sociais e culturais, *não* às barreiras que limitam seu saber, seu querer, seu sentir e seu amar.

Atrás desse *não* existe um *sim* radical que é móvel e o vigor do *não*. O homem diz *não* porque primeiro disse um *sim*: um *sim* à vida, ao sentido, ao ilimitado, à plenitude e à total convergência realizadora dos dinamismos que sente e vivencia dentro de sua existência. Embora não entreveja a total plenitude no horizonte das concretizações históricas, contudo anseia por ela com uma esperança jamais arrefecida.

Realizar-se-ão um dia todos os dinamismos latentes na vida humana? Poderá o espírito em sua sede insaciável de ver, de saber, de sentir, de amar, de comungar com toda a realidade chegar totalmente a si mesmo e encontrar sua total realização? A permanente criação de utopias testemunha a esperança inarredável do homem. É o concreto concretíssimo do homem. Terá o sofrimento dos vencidos e

---

22. LERSCH, Th. *Philosophie des Humors*. Munique: [s.e.], 1953, p. 26.
23. BLOCH, E. *Das Prinzip Hoffnung*. 2 vols. Frankfurt: [s.e.], 1959. • MOLTMANN, J. *Teologia da esperança*. São Paulo: Herder, 1971.

dos humilhados da história algum futuro? Diante de tal situação existencial existem apenas duas tomadas de posição possíveis e radicais: a afirmação de um sentido derradeiro e surge então a fé, ou sua negação e emergem daí o ateísmo, o ceticismo ou o agnosticismo.

1.3 Ter fé é dizer sim e amém à bondade da vida!

A fé cristã explicita o sentido latente percebido dentro da vida. Ter fé consiste em dizer um Sim e um Amém à bondade do mundo[24]. É optar por um sentido pleno e radical que triunfa sobre o absurdo. Por isso a fé cristã afirma que o mundo caminha não para uma catástrofe cósmica, mas para a sua plenitude. O fim do mundo (a meta do mundo) consiste numa indizível interpenetração com Deus. O destino da criação é ser de tal forma penetrada por Deus que Ele constituirá sua essência mais íntima. São Paulo o afirma taxativamente: "as criaturas serão libertadas da servidão da corrupção para participarem da liberdade gloriosa dos filhos de Deus. Pois sabemos que a criação inteira até agora geme e sente dores de parto" (Rm 8,21).

Em 1Cor 15,20-28 o mesmo Paulo assegura que todos seremos ressuscitados. Primeiro Cristo, depois os de Cristo, então será o fim. Cristo destruirá todos os inimigos da vida e submeterá a si todas as coisas. "Quando todas as coisas lhe ficarem submetidas, então o próprio Filho se sujeitará àquele que a Ele submeteu tudo para que Deus seja tudo em todas as coisas"[25].

---

24. ALFARO, J. "Fides in terminologia bíblica". *Gregorianum* 42 (1961), p. 463-505. • PFEIFFER, E. "Glaube im Alten Testament". *Zeitschrift für Alttestamentliche Wissenschaft* 71 (1959), p. 151-164; todo o número de *Lumière et Vie* 98 (1970). Qu'est-ce que croire?
25. Cf. THÜSING, W. *Per Christum in Deum*. Münster: [s.e.], 1965. • VOLK, H. *Gott alles in allen*. Mainz: [s.e.], 1961. • DANDER, F. *Christus alles und in allen*. Innsbruck: Felizian Rauch, 1939.

A vocação a que o mundo está chamado é sublime: Deus mesmo. Daí que a esperança pervade inteiramente a concepção cristã da realidade. Como todos, conhece também o cristão o mal, a dramaticidade da existência e o absurdo dos fatos quotidianos. Mas o sentido que descobriu na vida e o viu de forma definitiva vivenciado por Jesus Cristo não lhe permitem transformar o drama numa tragédia. A realidade presente é ambígua. Nela medram o bem e o mal e crescem conjuntamente o trigo e o joio. Mas o fim é bom e já nos foi garantido por Deus através de Jesus Cristo. O termo da criação reside na total e plena potencialização das virtualidades nela contidas. O Concílio Vaticano II professava o otimismo cristão quando dizia:

> Ignoramos o tempo da consumação do universo. Passa certamente a figura deste mundo, deformada pelo pecado (1Cor 7,31), mas aprendemos que Deus prepara morada nova e nova terra. Depois que propagarmos na terra, no Espírito do Senhor e por sua ordem, os valores da dignidade humana, da comunidade fraterna e da liberdade, todos estes bons frutos da natureza e do nosso trabalho, nós os encontraremos novamente, limpos contudo de toda impureza, iluminados e transfigurados, quando Cristo entregar ao Pai o reino eterno e universal: reino de verdade, de vida, de amor e de paz. O Reino já está presente em mistério aqui na terra. Chegando o Senhor, ele se consumará (GS 39, 318-320).

O futuro do mundo é portanto o *Reino de Deus*, onde Deus será tudo em todas as coisas. Isso não é um futuro-futuro, mas um futuro-presente: o Reino e o fim já estão presentes dentro do mundo; fermentam dentro do processo evolutivo as realidades definitivas que serão um dia totalmente atualizadas. Daí é que não vale para a fé cristã o dilema: Por que a terra se o céu é o que conta? O céu já começa neste mundo e se manifesta aqui e acolá como sentido último, imanente nas coisas que constituem nossa realidade[26].

O cristão que vive desta verdade é um inimigo figadal de todo o absurdo e um profeta permanente do sentido, da graça, da esperança, da confiança e do otimismo. Contudo essa opção, inspirada na descoberta de sinais que apontam para um sentido derradeiro, chamado Deus, não responde a todos os absurdos que a vida elenca. Por isso a fé viva é uma permanente conquista e tem que superar constantemente a tentação da não fé, do ateísmo e do ceticismo. Ela não é o resultado de um silogismo nem da apresentação de todos os sinais sacramentais que remetem uma transcendência. Ela exige a graciosa opção do homem, a capacidade de ver fundo e de acolher humildemente um sentido, detectado e vislumbrado na ambiguidade dos sinais.

Por sua vez o ateísmo e o ceticismo vivem em permanente tentação com a fé. A opção pelo absurdo e pelo ateísmo deverá explicar por que o sentido emerge na experiência do amor, da amizade, da solidariedade, do jogo, da festa, do humor etc. O encontro do sentido gera a jovialidade serena de quem se sente aconchegado e embora longe da pátria e vagueando entre mil perigos e ameaças se sabe orientado por uma estrela fixa"[27].

---

26. Cf. BOFF. *Vida para além da morte – O presente: seu futuro, sua festa, sua contestação.* Petrópolis: Vozes, 1973, p. 26-32.
27. Cf. um aprofundamento deste tema no meu artigo: BOFF, L. "Constantes antropológicos e revelação". *REB* 32 (1972), p. 26-41.

2
Vocação transcendental e escatológica do homem

Se a criação toda está vocacionada para Deus a fim de formar com Ele uma radical unidade na riqueza das diferenças (Deus ficará sempre Deus e a criatura sempre criatura), então com muito mais razão o homem, ponto culminante da criação. Qual é a vocação última do homem? A que futuro está chamado? O homem é invocado a ser totalmente ele mesmo na realização de todas as capacidades que latejam dentro de sua natureza. Ele é constituído como um nó de relações voltado para todas as direções, para o mundo, para o outro e para o Absoluto.

2.1 Um sentido para os vencedores e arrivistas?

À diferença do animal, ele surge como um ser aberto à totalidade da realidade. Só se realiza se se mantiver em comunhão permanente para a globalidade de suas relações. Por isso é só saindo de si que o homem permanece como homem em si mesmo. É dando que o homem tem. Quanto mais estiver orientado para o infinito mais possui a possibilidade de hominizar-se, isto é, de realizar seu ser humano. O homem perfeito, completo, integrado, definitivo e

34

acabado seria aquele que pudesse realizar todas as relações a que seu ser fosse capaz, especialmente aquela de não somente se comunicar com o infinito, mas de ser um com Ele. Poderá o homem chegar a isso? Refletimos anteriormente acerca do princípio-esperança que se enraíza em todas as dimensões do homem. Poderá o homem realizar a utopia de uma total realização integradora de todas as suas dimensões?

2.2 Um futuro para os vencidos e humilhados?

Não apenas isso. O homem não é só sucesso e ânsia de plenitude. Ele é também fracasso e rejeição. Estamos por demais habituados a um conceito "humanista" de homem e de uma história como história dos arrivistas e dos vencedores. Terão os vencidos e esquecidos, os humilhados e ofendidos, os pequeninos e os inúteis da terra, os triturados pelo sofrimento e aniquilados pela tortura sob o regime de repressão desde Caim até os dias de hoje algum futuro? Eles escapam ao esquema da evolução natural que ascende impreterivelmente. Eles parecem não possuir uma finalidade que se encaixe no sucesso evolucionista. Neles, parece, não passa o eixo teleológico (finalístico) da criação. Haverá ainda sentido para eles, para os mortos e matados de ontem e para os injustiçados e humilhados de hoje? A *memoria passionis* dos anônimos e dos homens em geral poderá ser integrada numa síntese superior?[1]

Aqui se impõe novamente uma opção fundamental positiva ou negativa. O cristianismo afirma que o destino do homem não é permanecer eternamente um Prometeu ou

---

1. Cf. METZ, J.-B. "Futuro que brota da recordação do sofrimento". *Concilium* n. 76 (1972), p. 709-723.

um Sísifo a carregar indefinidamente sua pedra até o alto jamais alcançado. Sua vocação não consiste em aceitar um eterno retorno ao ponto zero permanecendo devorado pela sede de um ponto ômega. Ele não ficará eternamente pregado na cruz, nem sua pátria é o túmulo.

O homem está destinado a ser-um com Deus e com isso a ser totalmente divinizado. Ele irromperá numa plenitude realizadora de todos os dinamismos de sua existência. Ele não o afirmaria se não o tivesse visto realizado em Jesus de Nazaré, morto e ressuscitado. Ele foi aquele ser humano que realizou a possibilidade latente no homem de poder ser-um com a Divindade[2]. A completa hominização do homem supõe sua divinização. Isto significa: o homem para tornar-se verdadeiramente ele mesmo deve poder realizar a capacidade máxima inscrita em sua natureza de ser-um com Deus, sem divisão, sem mutação e sem confusão. Ora em Jesus de Nazaré o cristianismo viu essa possibilidade realizada. Por isso foi pela comunidade de fé outrora e hoje amado como sendo o Deus encarnado, o Deus conosco e o *Ecce Homo*.

2.3 A memória da paixão e da ressurreição de Jesus Cristo

Ele é o *Ecce Homo*, sendo o Servo de Javé, rejeitado, humilhado, torturado, cuspido, cravado na cruz e quase desesperado. É deste Crucificado que se diz e se crê ser o Ressuscitado. A *memoria passionis* vem unida à *memoria resurrectionis*. A ressurreição só tem sentido se revela o futuro dos sem-esperança, daqueles que são feitos "o lixo do

---

2. Cf. BOFF, L. *Jesus Cristo Libertador* – Ensaio de cristologia crítica para o nosso tempo. Petrópolis: Vozes, 1972. • RAHNER, K. Para uma teologia da encarnação. In: *Teologia e Antropologia*. São Paulo: Paulinas, 1969, p. 61-84.

mundo e a escória da terra" (cf. 1Cor 4,13). Esses também chegam à luz e foi num deles que Deus revelou o máximo futuro e o sentido da existência e do mundo, Jesus ressuscitado. Quando celebramos a vida do Ressuscitado lembramos também sua paixão e recordamos, por causa de Jesus, do valor explosivo e subversivo do sofrimento dos sem-esperança. A eles está destinada também e especialmente a Nova Terra.

Cristo morto e ressuscitado faz a síntese do sentido humano. Por isso Ele é o primeiro homem, digno e merecedor deste nome, porque chegou à completa hominização passando pela aniquilação.

O futuro de Jesus Cristo é o futuro de cada homem. Se Ele é nosso irmão, então significa que possuímos a mesma possibilidade que Ele para sermos assumidos por Deus e sermos um-com-Ele. Um dia, no termo da hominização, essa nossa possibilidade será atualizada. Então cada qual, a seu modo, será como Jesus Cristo: permanecendo homem será inserido no mistério do próprio Deus.

A fé cristã quer ser a mais radical explicitação daquilo que se esconde dentro da realidade humana. O homem não quer as trevas. Debate-se contra o absurdo. Sonha com uma utopia de global reconciliação e integração de todas as coisas consigo mesmas. E professa: em Jesus Cristo ouvimos e vimos que o impossível é possível e que a *utopia* (que não existe em nenhum lugar) pode transformar-se numa *topia* (que existe já em alguém).

Essa constitui a vocação derradeira (escatológica) e trans-histórica do homem. Não adianta o homem ganhar o mundo inteiro, se vier a perder esse seu futuro absoluto (cf. Lc 9,25).

3
A vocação transcendental e escatológica do homem e as vocações terrenas

Deus poderia ter criado os homens na comunhão com Ele e assumi-los todos. Não precisaria do tempo. Poderia ter realizado tudo na eternidade, formando como que "o corpo de Deus". Mas não quis assim. Quis uma história longa, da liberdade humana, onde houvesse também a possibilidade da participação livre do homem ou de sua negação. Nessa história Deus mesmo se inseriu. Ele quis a vocação transcendental e escatológica do homem. Mas colocou-a como termo de um longo e doloroso processo histórico. Nesse processo o homem foi convidado a participar do próprio ato criador de Deus. Quis que, de alguma forma, cada qual merecesse e conquistasse ser Deus-humanado ou homem-divinizado.

A vocação transcendental e última vem por isso mediatizada por outras vocações históricas. Ao fim último estão subordinados fins penúltimos; à meta escatológica se coordenam metas temporais. Em outras palavras, podemos dizer: o fim último do homem vai se realizando paulatinamente nesse mundo dentro dos fins mediatos; a vocação derradeira e fundamental do homem se concretiza nas vocações temporais e terrestres. Contudo nenhuma vocação terrestre esgota e realiza plenamente a vocação derradeira. Elas devem estar abertas a ela, permitir que ela se exprima cada vez mais plenamente.

Por isso o mundo e o homem presentes não são ainda aquilo que Deus quis deles[1]. O homem, plenamente homem, ainda não nasceu. Está sendo formado na enorme placenta da história-processo que ascende e converge para Deus. Só no final do processo evolutivo emergirá o verdadeiro Adão e irromperá, na sua primordial nascividade, o mundo como Deus desde toda a eternidade pensou e amou. Em Jesus Cristo já temos as primícias e a vocação do homem e do mundo totalmente realizadas. Mas nós estamos ainda a caminho. Por isso, na situação atual, o homem e o mundo não correspondem ainda à vocação definitiva a que foram chamados por Deus.

O homem que se nega ao crescimento humano e que não quer evoluir em todas as suas dimensões fecha-se ao chamado de Deus que se faz sentir nos dinamismos do mundo e de seu próprio ser. Ele vive no pecado como situação de fechamento a um crescer para Deus e para a globalidade das relações para com a realidade. Cerra-se a uma vocação derradeira e agarra-se a uma vocação passageira, correspondente a uma fase do processo de ascensão para Deus. Faz do relativo absoluto. De um estádio da história, o fim da história. Nisso constitui, numa perspectiva global, o pecado mortal, isto é, que leva para uma segunda morte como absoluta frustração humana.

---

1. Cf. HULSBOSCH, A. *Die Schöpfung Gottes* – Schöpfung, Sünde und Erlösung in einem evolutionistischen Weltbild. Freiburg: [s.e.], 1965, p. 39. • SMULDERS, P. *A visão de Teilhard de Chardin*. Petrópolis: Vozes, 1965, p. 120s. • POERSCH, J.L. *Evolução e antropologia no espaço e no tempo*. São Paulo: [s.e.], 1972, p. 149s.

4
O caráter absoluto da vocação transcendental e escatológica e relativo das vocações terrenas

Fundamentalmente podemos dizer: qualquer vocação terrestre é boa, conquanto se mantenha aberta à vocação transcendental e escatológica. O decisivo e absolutamente imprescindível é situar-se no caminho para Deus. Tudo o mais, as formas, as articulações históricas e as várias estradas, é relativo. A fé nos diz que essas mediações históricas constituem a forma concreta como a vocação definitiva pode aparecer e se realizar dentro do tempo. O importante é que ela se realize. Relativas são as formas concretas que possa assumir dentro do processo histórico: se como religioso, padre, professor, operário ou patrão.

Queremos porém evitar confusões desnecessárias. Se as vocações terrestres são relativas, isso o dizemos para exprimir sua diferença com a vocação absoluta: a salvação eterna. Contudo relativo não quer dizer sem importância e sem valor. As vocações terrestres são de extrema importância porque elas significam a encarnação da vocação absoluta dentro do tempo e da história. Essa encarnação concreta torna presente, mas não esgota toda a realidade da vocação absoluta. Ela

40

pode se realizar também em outras concretizações. Por isso é que dizemos: essa forma concreta aqui é relativa porque não é ainda a absoluta, mas está em íntima relação com ela. Se não guardar essa relação ela se perverte e absolutiza. O homem pode ser tudo nesse mundo, "pode falar as línguas dos homens e dos anjos... conhecer todos os mistérios e todas as ciências", mas, "se não tiver o amor, nada é" (1Cor 13,1-2). De São João, aprendemos que Deus é amor (1Jo 3,16). E só no amor radical que o homem se realiza, porque unicamente no Tu absoluto do amor que o eu encontra adequadamente o eco de seu grito. Mantendo-se aberto a esse amor pode realizar, no tempo, a vocação transcendental e escatológica.

Só há um *unicum necessarium*: penetrar em Deus e ser-um com Ele. Os caminhos que conduzem para lá são e podem ser múltiplos. Cabe a cada qual consultar-se, ver qual o caminho no qual pode caminhar melhor e com o capital que dispõe fazer um bom negócio (cf. Mt 25,14-30; Lc 19,11-27). No caminhar não nos podemos instalar em nenhuma morada definitiva. Tudo deve cair sob a reserva escatológica, isto é, tudo deve ser relativizado em vista da vocação derradeira que deve ser alcançada inelutavelmente. Também a Igreja e a própria revelação caem sob a reserva escatológica. Elas ainda não são Reino e o mundo definitivo. Realizam-no parcialmente dentro das ambiguidades da história do pecado e da graça.

5
A função desdramatizadora da fé na vocação transcendental e escatológica

As consequências de tal compreensão do futuro do homem e do mundo são de grande relevância praxiológica. Ressaltaremos apenas duas:

• O cristão é um cavaleiro da esperança. Ele sabe que o fim da história é feliz e já foi mostrado e garantido pela ressurreição de Jesus Cristo. Sabe de seu futuro absoluto: ser assumido por Deus, de forma semelhante como Jesus Cristo foi assumido. A máxima felicidade de seu eu é extrapolar e encontrar-se aceito na profundidade do Tu divino. Isso vem significar concretamente para a nossa situação terrestre: só a situação abraâmica de quem larga tudo, se aliena e se perde no outro garante a verdadeira hominização[1]. É no sair de si, no aventurar-se que se encontra e se ganha a casa paterna. Se quiser ficar em casa e morar em si mesmo, o homem perde o lar e seu próprio eu.

• O cristão desdramatiza a vida com seus enigmas e absurdos. Estes pertencem à nossa condição de peregrinos que não conseguem ver em profundidade e entrever mesmo no sem-sentido um sentido secreto e profundo. A fé

---

1. MESTERS, C. *Palavra de Deus na história dos homens II*. Petrópolis: Vozes, 1971. • BOFF, L. *Vida para além da morte*. Petrópolis: Vozes, 1972, p. 67s.

nos desvenda uma dimensão para além do bem e do mal: Deus pode se revelar tanto na aniquilação (kénosis) quanto no gozo das realizações do ser (dóxa). A situação de pecado e de absurdo pode significar um processo acrisolador. A crise desmascara situações feitas e seguras[2]. Obriga o homem a manter-se totalmente aberto para o permanente ato criador de Deus, como no dia primeiro da criação quando moldou tudo do nada. No sentir-se nada é que o homem tem a chance de ser recriado e ouvir o convite para ser cada vez mais na gratuidade do amor divino.

Daí é que para o cristão as tempestades, os descaminhos e as paradas no caminho não nos devem absorver totalmente. Ele sempre poderá sorrir porque os nossos pontos de orientação não foram fixados pelos homens. Nossas estrelas reluzem no firmamento de Deus. A pátria verdadeira que já aqui antegozamos e entrevemos dentro de nossa história é a pátria de Deus, onde não há mais saudades porque não há mais despedidas. Bem o exprimia a Carta de Diogneto:

> Os cristãos vivem em suas pátrias, mas como forasteiros; cumprem todos os seus deveres de cidadãos e suportam tudo como estrangeiros. Toda terra estrangeira é para eles uma pátria e toda pátria uma terra estrangeira. Estão na carne, mas não vivem segundo a carne. Passam a vida na terra, mas são cidadãos do céu. É tão nobre o posto que Deus lhes destinou que não lhes é permitido desertar[3].

---

2. Cf. BOFF, L. "A crise da fé como chance de nova vida. Elementos de uma teologia da crise". *Credo para amanhã 3*. Petrópolis: Vozes, 1972, p. 169-197.
3. *Carta a Diogneto*. Petrópolis: Vozes, 2003.

6
A vocação terrestre fundamental do homem

Até agora consideramos especialmente a vocação derradeira do homem. Ela será completa e definitiva no termo do processo histórico quando todas as coisas chegarem ou a uma absoluta plenificação e integração em Deus ou a uma radical frustração. Enquanto estamos ainda a caminho realizamos a vocação derradeira parcialmente. Ela não irrompe somente no fim. Ela está sendo vivida e formada já dentro da vida presente. No termo final ela receberá seu caráter de plenitude. Como deverá viver o homem dentro da história e na terra de tal forma que não perca sua destinação futura e eterna?

Há uma vocação terrestre fundamental do homem que ele tem de realizar pelo simples fato de ser homem. Pertence ao seu estatuto estrutural e ontológico, quer se trate do homem da Pedra Lascada, quer se trate do *homo sapiens-sapiens* da era pós-industrializada. O homem deve realizar aquilo que ele é e aquilo que Deus quis quando o colocou dentro da história-a-caminho-da-pátria-celeste. Esta vocação é prévia a qualquer outra vocação terrestre. A primeira vocação do homem terrestre consiste em ele ser homem. O homem realizará sua humanidade caso se mantiver constantemente em relação com a totalidade da realidade que está nele mesmo e com aquela que o cerca. Ele surge na verdade como um nó de relações voltado para todas as direções. No relato do *Priestercodex* (P) em Gn 1 e do Javista (J) em Gn 2 encontramos lapidarmente as três principais determinações do homem terrestre.

6.1 O homem é um ser chamado a dominar a natureza e a ser senhor

É o que resulta explicitamente de Gn 1,26s.: "Façamos o homem à nossa imagem e semelhança. Que ele reine sobre toda a terra [...] Crescei e multiplicai-vos e enchei a terra e submetei-a". Em Gn 2,18-20, Deus deixa todos os seres desfilarem diante do homem e este confere um nome a todos. Conhecer o nome das coisas é, para o pensar semita, possuí-las e ser senhor delas. Domina-as de-nominando-as.

Ser imagem e semelhança de Deus significa no pensar dinâmico da Bíblia[1] não tanto uma determinação do que seja o homem (quem é o homem?) mas esta expressão visa responder à pergunta: Para que existe o homem na terra? A que ele está vocacionado? Ele está chamado a ser imagem e semelhança de Deus enquanto ele, como Deus, cria e organiza a terra. Assim como Deus do caos primitivo e do nada tirou tudo, de forma semelhante deve o homem criar, dominar e ser senhor do mundo.

O homem é o pequeno deus que representa o Grande Deus. Ser imagem e semelhança de Deus – esse é o

---

1. Cf. SCHEFFCZYK, L. *Der Mensch als Bild Gottes*. Wege der Forschung, vol. 124. Darmstadt: [s.e.], 1969, que reúne os melhores trabalhos sobre o tema nos últimos decênios. • VON RAD, G. *Theologie des Alten Testaments*, I. Munique: [s.e.], p. 160-162. • LORETZ, O. *Die Gottebenbildlichkeit des Menschens*. Munique: Kösel, 1967, p. 72-74.

sentido originário e exegético do Gn 1,26 – é ser seu representante e lugar-tenente aqui na terra. Deus comumente não intervém de forma direta em sua criação. Ele intervém, continua a criar e fala através de seu órgão no mundo: o homem. Conquistando o mundo de tal forma que ele se faça senhor dele e não escravo é que o homem serve a Deus. Não há pois uma oposição entre o mundo que devemos construir e Deus que devemos amar.

6.2 O homem é um ser chamado a conviver com outros e a ser irmão

O relato do Gn 1–2 nos revela outra dimensão do chamamento humano: o conviver com outros homens. O Javista (Gn 1,18-24) manda o homem procurar um companheiro entre todos os seres criados. "Não é bom que o homem esteja só" (2,18)[2]. O eu humano não encontrou em nenhum ser da natureza alguém que lhe pudesse dizer *tu*.

Então, numa fórmula simbólica, o Javista relata como Deus tirou uma companheira para o homem, do lado de seu coração (costela). Com isso quis dizer: a mulher é companheira do homem, em igualdade com ele. Tirou-a não dos pés para ser-lhe escrava, nem da cabeça para ser-lhe soberana, mas do lado, perto do coração, para ser-lhe companheira. Nem se faz qualquer referência à procriação. A mulher não lhe foi dada para ser primeiramente mãe, mas para ser antes de tudo companheira, de tal forma que homem e mulher "serão uma só carne" (2,24). Agora o homem não vive, mas convive. O eu tem um eco num tu. Os homens todos são seus irmãos.

---

2. VON RAD., G. *Das erste Buch Mose* (Das Alte Testament Deutsch 2). Göttingen: [s.e.], 1967, p. 65-69.

6.3 O homem é um ser chamado a adorar a Deus e a ser filho

Segundo a Bíblia o homem tem seis dias para dominar a terra e conviver com seus irmãos. Mas num dia ele deve, explicitamente, adorar a Deus. O ser imagem e semelhança de Deus, além de significar que o homem é o representante de Deus no mundo, quer estabelecer a relação que existe entre Deus e o homem. A relação é de Pai para filho. Gn 5,3 diz que "Adão gerou um filho à sua imagem e semelhança e deu-lhe o nome de Set". Assim como o filho é imagem e semelhança do pai, da mesma forma o homem, criatura de Deus, e sua imagem e semelhança no constitutivo essencial de sua própria natureza. Entre pai e filho reina amor, vigora obediência, goza-se de liberdade e vive-se em espontaneidade. Assim deve ser a relação do homem diante de Deus. A religião não é algo acrescentado ao homem, mas corresponde à sua própria essência. Ele é só grande quando de joelhos.

6.4 O homem perfeito

O homem perfeito e integrado é aquele que realiza estas três dimensões sem omitir nenhuma. Nisso consiste sua vocação fundamental terrestre a ser vivida em cada momento. Ela está cheia de tensões difíceis. O homem está colocado entre Deus e o mundo. Frente ao mundo senhor, frente ao outro irmão e frente a Deus filho.

O homem não se deve deixar dominar por nada no mundo, nem pelas necessidades biológicas, nem pelas mundanas, nem pelo aparato técnico e institucional que criou.

Não se deve ocupar com o mundo de tal forma que esqueça o outro e a Deus. Como também não deve se ocupar com Deus e com as coisas divinas de tal forma que venha a olvidar suas obrigações para com o mundo e com o irmão. O Vaticano II é explícito quando diz:

> Afastam-se da verdade os que, sabendo que não temos aqui cidade permanente, mas buscamos a futura, julgam, por conseguinte, poderem negligenciar os seus deveres terrestres, sem perceber que estão mais obrigados a cumpri-los por causa da própria fé, de acordo com a vocação à qual cada um foi chamado (GS 43/333).

Nem deve preocupar-se com os irmãos de tal sorte que venha a desequilibrar sua relação para com Deus e para com o mundo. A situação do homem, como transparece, é excêntrica e assintótica. Ele deve viver essas três dimensões; cada uma quer o homem todo e ele deve ser todo e totalmente ele em cada uma delas. Encontrar aí o justo termo e a harmonia: eis a vocação humana a ser continuamente realizada.

6.5 O homem integrado

O homem não deve ser somente perfeito no equilíbrio de suas tensões para fora de si mesmo. Ele deve ser integrado na harmonia de seus dinamismos interiores conscientes e inconscientes. O homem se apresenta, em si mesmo, como um nó de tensões e paixões. A consciência está cheia de tensões nos desejos e no querer coisas sensíveis, espirituais e divinas, no pensar a realidade, e de senti-la. Ela vem dotada de certo número de funções que a orientam no campo dos fatos *ectopsíquicos* e *endopsíquicos*[3]. A *ectopsique* é um sistema de relacionamento dos conteúdos da consciência com os fatos e dados vindos do meio ambiente. A *endopsique*, por outro lado, é o sistema de relação entre os conteúdos da consciência e os processos desenrolados no inconsciente.

As principais funções ectopsíquicas são constituídas pela sensação: ela diz que alguma coisa *é*; pelo pensamento exprimindo *o que* ela é; pelo sentimento exprimindo-lhe o *valor*; pela intuição situando e orientando o homem diante do que aconteceu ou vai acontecer.

A *primeira função* endopsíquica é a memória que nos liga aos fatos enfraquecidos na consciência, aos dados que se tornaram subliminares ou que foram reprimidos. A *segunda função* é constituída pelos componentes subjetivos das funções conscientes ou também chamada simplesmente de sombras: é a reação imperfeita, injusta e até inadmissível que acompanha uma função consciente acerca de uma pessoa, um objeto ou uma situação. A *terceira função* é constituída pelos afetos e emoções que tomam o homem e o transformam, escapando do controle da vontade e do consciente. Dá-se uma invasão quando o inconsciente toma a esfera do consciente e dilui em casos patológicos o próprio eu pessoal. Essas funções se inscrevem no nível da vida consciente. Como se depara há aqui inúmeras tensões que devem ser integradas numa personalidade normal.

A integração de toda a vida psíquica do homem deve tomar em conta um fator da maior importância que é o mundo do inconsciente pessoal e coletivo[4]. O inconsciente

---

3. Cf. JUNG, C.G. *Fundamentos de Psicologia Analítica*. Petrópolis: Vozes, 1972, p. 27-42.
4. JUNG, C.G. *Die Beziehung zwischen dem Ich und dem Unbewussten*. Zürich/Stuttgart: Rascher Verlag, 1953. • HARADA, H. "Cristologia e Psicologia de C.G. Jung". *REB* 31 (1971), p. 119-144.

é formado pelo enorme acervo de arquétipos e conteúdos psíquicos que jamais podem chegar à vida consciente, mas que se comunicam por via de sonhos, associações, símbolos e mitos. Dão-nos conta de uma vida psíquica totalmente inconsciente, mas lógica e coerente onde se recolhem as grandes experiências que a psique humana fez ao longo de sua trajetória histórica, desde os seus primórdios, em contato com as coisas, com os outros, com o pai, com a mãe, com os irmãos, com a divindade etc.

Assim como nosso corpo possui uma história de milhões de anos, da mesma forma a psique humana não é uma *tabula rasa*, mas vem marcada pelas experiências bem ou mal-sucedidas que foram feitas no processo de seu evoluir. Dentro do psiquismo humano moram ao lado das boas tendências de integração e plenitude, de encontro e de comunicação, tendências de ódio, de diluição, de mesquinhez, monstros e demônios. Existem as sombras e o irmão negro em cada pessoa humana. Tais conteúdos não podem ser qualificados numa primeira instância e moralmente como pecado ou maus. Pertencem à totalidade da vida humana. Por isso não devem ser recalcados. Mas aceitos e integrados na personalidade.

A ética deve considerar não somente os conteúdos da vida consciente; deve outrossim valorizar o enorme potencial, positivo e negativo, que nos vem do inconsciente pessoal e coletivo. A personalidade deve tender, além de sua perfeição, a uma integração harmoniosa dos vários dinamismos do consciente e do inconsciente, especialmente das sombras de nosso psiquismo. Aceitar as sombras sem recalcá-las, integrá-las numa síntese de opostos com realismo, é criar as bases para uma atitude ética madura[5]. O amor indiscriminado a todos como foi pregado por Jesus Cristo situa-se nessa linha de integração e reconciliação de todos com todos até com os inimigos e carrascos (cf. Mt 5,44-45; Lc 23,34).

O que acima referimos na terminologia da psicologia das profundezas foi expresso na linguagem da metafísica pela teologia clássica dos Padres e dos Escolásticos. Falava-se então da concupiscência. Numa primeira instância, a concupiscência não deve ser qualificada moralmente como sendo má e fruto do pecado original. A concupiscência, como foi genialmente estudada por Duns Escoto[6] no mundo medieval e modernamente por Karl Rahner[7], dá conta do extraordinário dinamismo da vida humana, dinamismo orientado para todas as direções: para cima, para baixo, para todos os lados, para a carne, para o espírito, para Deus, para o bem e para o mal. O homem é o sujeito comum das pulsões por vezes contraditórias entre si, as quais Paulo testemunhava no célebre capítulo 7 aos Romanos:

> Não faço o bem que quero, mas o mal que não quero [...] Sinto imperar em mim uma lei: querendo fazer o bem, eis que o mal se apresenta a mim. Segundo o homem interior, acho satis-

---

5. NEUMANN, E. *Tiefenpsychologie und neue Ethik*. Munique: [s.e.], 1964, p. 99-138.
6. BARTH, Th. "Erbsünde und Gotteserkenntnis. Eine philosophische und theologische Grenzbetrachtung im Anschluss an Johannes Duns Scotus". *Philosophisches Jahrbuch* 57 (1947), p. 70-103, esp. p. 81s. • FINKENZEIER, J. "Erbsünde und Konkupiszenz nach der Lehre des Johannes Duns Scotus". *Theologie in Geschichte und Gegenwart* (Fest. a. M. Schmaus). Munique: [s.e.], 1957, p. 519-550. • KLOPPENBURG, B. "A essência do pecado original". *REB* 14 (1954), p. 6-20, esp. p. 14-18. • BAUMANN, U. *Erbsünde?* Freiburg: Herder, 1970, p. 181-196. • BAUMGARTNER, C. *El pecado original*. Barcelona: Herder, 1970.
7. "Zum Begriff der Konkupiszenz". *Schriften zur Theologie I*. Einsiedeln, 1964, 377-414.

fação na lei de Deus; mas em meus membros experimento outra lei que se opõe à lei de meu espírito e me encadeia à lei do pecado que reina em meus membros (Rm 7,20-23).

Isso constitui não um mal em si, mas forma a própria estrutura ontológica da natureza humana. Cada tendência humana segue naturalmente o seu caminho. O homem paradisíaco e possuidor da graça original possuía o dom da integração. Ele podia orientar todas essas capacidades, entre si contraditórias, segundo um projeto humano de amor e de submissão filial a Deus. O pecado original consistiu exatamente na perda de equilíbrio do homem. Caiu a força de integração. As paixões, seguindo então sua tendência natural, dilaceraram interiormente o homem. Paulo exclamava gritando: "Infeliz de mim! Quem me libertará deste corpo de morte?" (Rm 7,24).

Em consequência disso a concupiscência assumiu uma realidade ambígua: pode resultar no pecado, mas também pode gerar forças propulsoras para o bem. O homem, pelo pecado, de ereto diante de Deus tornou-se encurvado[8]. Inverteu todas as suas relações, agora pervertidas: de filho de Deus tornou-se um rebelde; de irmão transformou-se num escravizador e de senhor passou a ser escravo. O pecado original não afeta somente as relações do homem para com Deus; afeta a globalidade de suas relações, para com Deus (rebelde), para com o outro (escravizador) e para com o mundo (escravo).

Jesus Cristo foi o primeiro homem da história que realmente de forma integradora conseguiu uma relação plenamente filial para com Deus, fraterna para com todos

---

8. Cf. GRELOT, P. *O problema do pecado original*. São Paulo: Paulinas, 1970.

os homens e de senhorio frente ao mundo que o cercava, cósmico e social. Ele desnovelou o nó emaranhado de relações que é cada homem e o recolocou na sua situação matinal de filho, irmão e senhor. Por isso Ele é por excelência e exclusividade o *Ecce Homo* e o Filho do Homem e de Deus.

7
Maneiras de realizar a dimensão para o mundo: as profissões

O homem se torna senhor da terra trabalhando-a. Biologicamente é um ser-carência. À diferença do animal, não possui nenhum órgão especializado. Por isso para poder viver precisa trabalhar. Por necessidade biológica o homem é *homo faber* e destinado à cultura. Trabalho é "investimento de espírito na matéria" no sentido de transformação desta matéria em paisagem humana e fraterna. O homem é chamado a se libertar das escravidões que lhe impõem a natureza como: falta do essencial para viver, catástrofes, limitações de espaço e tempo etc. Por sua atividade criadora e transformadora ele vence tais empecilhos e se torna senhor: "tudo é vosso" (1Cor 3,22).

Com a afirmação de Gn 1,26 acerca do senhorio do homem sobre as coisas está já implícito o que será o específico da modernidade: a vontade de poder da subjetividade humana. Isto quer dizer: o homem assume em suas próprias mãos seu próprio destino; não quer depender de ninguém e de nenhuma instância superior na explicação e dominação do mundo. Por isso tenta racionalizar tudo e submeter o cosmo a um projeto fixado por ele. É o império do saber para dominar. Saber é poder. Poder é criação

54

de instrumentos técnicos de controle e domínio da realidade.

A Bíblia não vê nisso um mal. Antes pelo contrário; considera-o como a vocação terrestre do homem. Contudo, o homem não deve ser somente senhor. Deve ser também e simultaneamente filho e irmão. Ele é alguém que deve saber que seu poder é recebido, que vive numa permanente referência a Deus. Ele, Deus, está na origem de todo o poder e é o vigor que impulsiona o homem a dominar. Por isso deve fazê-lo não como um senhor despótico, mas como um senhor responsável, como um filho que sabe administrar bem a herança recebida do Pai.

7.1 Elementos de uma teologia do trabalho

Devemos ver, primeiramente, o trabalho sem ares românticos[1]. O trabalho é aquilo que é, exatamente trabalho (vem de *trepalium*, em latim, que significa instrumento de tortura, pena pesada etc.): cansativo e contudo suportável, monótono e, ao mesmo tempo, causador de humilde alegria, desgastador da vida e, no entanto, também mantenedor da vida, vocação do homem no ato de transformar o meio ambiente e simultaneamente fator de alienação, de castigo e de dor. Desde sua criação o homem se destina ao trabalho (cf. Gn 2,15) e por isso é profundamente realizador e humanizador, mas devido à alienação fundamental do homem (pecado original) transmutou-se efetivamente em pena e como fator de alienação entre os homens e do homem com a natureza.

---

1. CHENU, M.-D. *Pour une theologie du travail*. Paris: Du Cerf, 1955. • DAVID, J. "A força criadora do homem. Teologia do trabalho e da técnica". *Mysterium Salutis II/3*, 212-227. • KOSER, C. "Teologia da técnica". *REB 15* (1955), p. 573s.

É pelo trabalho, contudo, que o homem se torna senhor da situação, transformando-a em paisagem humana e subordinando-a à satisfação de suas necessidades. Com isso o homem realiza seu estatuto criacional de ser imagem e semelhança de Deus. Nesse sentido é participação humilde e dolorosa no ato criador de Deus. Porque doloroso, o trabalho pode assumir uma função libertadora e redentora, quando assumido na sua concretez e abraçado sem murmuração e má vontade. Além deste aspecto pessoal o trabalho representa um dever social: contribuição do indivíduo para o bem da sociedade.

Ninguém transforma e se faz senhor do mundo sozinho. Por isso há uma organização social do trabalho. Esta por sua vez se insere dentro de um modelo social (empresarial, capitalista, neoliberalista, socialista etc.), que confere mais ou menos sentido de humanização, solidariedade e de libertação ao trabalho pessoal e coletivo. Pode muito bem acontecer que o trabalho *individualmente* seja um elemento humanizador e *socialmente* (dentro do modelo global da sociedade) profundamente opressor porque não cria solidariedade entre os homens, mas favorece o potencial de concorrência e subjugação de outros grupos de trabalhadores e de nações. Em vista disso o trabalho se inscreve dentro de uma ambiguidade fundamental que é a ambiguidade da história do pecado e da graça, da opressão e da libertação.

7.2 As profissões

Numa estrutura social estática e jerarquizada, como era a sociedade medieval, as profissões civis eram vistas como vocações e chamamentos divinos. Cada um devia inserir-se na ordem social preestabelecida e sancionada como vinda de Deus. O filho do barbeiro era barbeiro e o filho deste também e assim por gerações e gerações. Havia pouca mobilidade social. Havia os estados, nos quais alguém nascia e devia ser fiel até a morte. Hoje tudo isso mudou devido à mobilidade social e graças às possibilidades de ocupações que a sociedade oferece.

Existem as profissões pelas quais o homem satisfaz suas necessidades básicas, a necessidade geral de atividade e consegue seguridade e garantia de subsistência para si e para sua família. Múltiplas possibilidades se lhe abrem, que ele pode optar, embora estejam sempre presentes condicionamentos de ordem educacional, de aptidões, de papel social e outros[2].

A distinção entre profissões manuais e intelectuais, práticas e teóricas é hoje insustentável. A distinção incide não entre teoria e prática, mas entre teoria e verborreia. Todo o trabalho, mesmo o mais "manual", é teórico porque exige capacidade de compreensão, de adaptação a situações novas e de ordenação na sua execução. Por outra feita, todo o trabalho "intelectual" é prático e manual porque utiliza o corpo para agir e exercita a inteligência para se elaborar. Por isso que toda a profissão assume uma característica praxiológica, onde práxis e teoria se interpenetram e complementam[3].

As profissões representam o modo prático e teórico, sistemático e ordenado como o homem aborda e se senhoria do mundo. Paulo Rosas[4] aprofundando Ernest Greenwood descreve os atributos de uma profissão:

---

2. Cf. ROSAS, P. *Vocação e profissão.* Petrópolis: Vozes, 1970 [com farta bibliografia referida no fim do livro].
3. VIATOUX, J. *Signification humaine du travail.* Paris: Spes 1963, p. 18-32.
4. ROSAS, P. *Vocação e profissão.* Op. cit., p. 109-110. • GREENWOOD, E. "Atributes of a Profession". *Man, Work and Society* (Nosow, Sigmund e Form, Wiam H.). Nova York: Basic Books, 1962, p. 206-218.

• *Corpo sistemático de teoria.* As profissões se assentam em um sistema de proposições abstratas que descrevem em termos gerais as classes de fenômenos compreendidos em seu centro de interesses. Existem instituições especializadas onde se formam os profissionais.

• *Autoridade profissional.* Uma ocupação não profissional tem fregueses, comenta Paulo Rosas; uma profissão tem clientes. Um cliente diz que serviços e que artigos deseja. O cliente propõe um problema ao profissional. Este é quem diz o que é aconselhável ou desaconselhável, cabendo ao cliente a opção entre as várias alternativas.

• *Sanção da comunidade.* A legislação civil protege e enquadra o exercício das funções profissionais e assegura o sigilo profissional e a imunidade em face de julgamento de leigos.

• *Código de ética.* Se a comunidade protege os profissionais, assegura também os direitos dos clientes contra o monopólio profissional e estabelece as relações entre os profissionais.

• *Cultura profissional.* Cada profissão possui sua tradição cultural, sua história, seus grandes homens, seus veículos de informação e formação, suas associações e seus serviços de mútua cooperação e assistência. Cada profissão permite fazer carreira que presume o êxito profissional e a competência.

Através desta forma ordenada, o homem se capacita mais e melhor a ser senhor do seu mundo.

7.3 Elementos de uma teologia da técnica

Técnica surge lá quando o homem se independentiza dos instrumentos que apenas prolongam seus órgãos (mãos, olhos, cérebro etc.) e cria um aparelho que substitui o trabalho penoso. A técnica criou todo um mundo de segunda mão, criado pelo homem: a fábrica, a cidade industrial, as instituições de organização, de planejamento, de distribuição e consumo. A técnica pode ser considerada como uma realização mais perfeita da vocação do homem de submeter a terra e dominar todas as forças inimigas de sua vida.

Entretanto a técnica, bem como todo o progresso apresentam-se ambíguos: podem libertar o homem das amarras da natureza, mas podem também escravizá-lo[5]. Este está metido num mundo de aparaturas tão complicado que não raro sente-se uma função da estrutura técnica por ele inventada. Cria-se até uma ideologia do progresso permanente como possibilidade de total libertação do homem, como se a completa hominização dependesse do fator quantitativo e da aceleração temporal das invenções.

Essa ideologia, latente em muitos modelos tecnocráticos, deve ser submetida a uma permanente crítica. A alienação do homem está em sua raiz fontal (Mc 7,20-23) e não somente no relacionamento com o mundo das coisas e dos instrumentos. Só a conversão pode gerar o homem novo. Daí é que a relação do cristão frente à técnica assenta numa difícil dialética: ele dirá um *sim* à técnica, enquanto ela pode assumir uma missão profética de libertar o homem e fazê-lo cada vez mais aquilo que ele é e foi chamado a ser: senhor das coisas que o cercam.

Por outro lado, deverá também dizer um *não* a ela. A técnica deverá ficar sempre aquilo que ela é: um instrumento

---

5. HEIDEGGER, M. "Gelassenheit". *Martin Heidegger zum 80.* Frankfurt am Main: Geburtstag, 1969, p. 27s.

para o homem e não a corrente escravizadora com a qual se amarra a si mesmo[6]. Um automóvel pode libertar o homem das dependências de espaço e tempo, de chuva e sol e de outros incômodos. Mas pode ser objeto da veneração do homem que começa a amá-lo mais que sua mulher e seus filhos. A tecnologia pode inclusive fazer perder a visão global do homem: domina, subjuga e manipula de forma irresponsável a ponto de destruir a natureza e atingir a própria condição humana: a poluição, as mutações ecológicas oriundas da industrialização podem, a longo prazo, revelar-se não como sinais de libertação e senhorio do homem sobre seu meio ambiente, mas como planejamento e manipulação irresponsáveis.

A técnica somente conservará sua dimensão humanizadora se o homem souber utilizá-la como instrumento de senhorio. Ser o senhor não significa ser dominador tirânico e impiedoso. O poder que ela confere não deverá, como é frequente o caso, degenerar numa ideologia absoluta de vontade de poder sobre pessoas e sociedades. Além de senhor e homem é aquele que pode e deve auscultar a mensagem que lhe vem das coisas e da própria técnica, como apelo a um Transcendente e a um derradeiro Fundamento e Sentido que tudo suporta[7].

Isso constitui o Mistério do mundo, que o homem só começa a vislumbrar caso se colocar numa atitude de ausculta, de veneração e de abertura respeitosa. Só então o homem se faz realmente senhor. Diversamente ele se tornará um déspota que malbarata e saqueia seu próprio reino.

---

6. Ibid., p. 29-30.
7. Ibid.

7.4 Elementos de uma teologia do lazer[8]

A técnica libertou o homem para o tempo do lazer. Esse tempo pode estar sob o horizonte de um trabalho opressor e se transforma então numa prolongação do trabalho. O *hobby*, o *bico* ou a ocupação secundária são exercidos muitas vezes não por necessidade de subsistência, mas por hábito obsessivo de trabalhar. O lazer constituiria o tempo precioso em que o homem gozaria do sentido das coisas e da técnica dando-se a atividades realmente humanas como o jogo, o passeio, as festas, os encontros, a meditação, o estudo desinteressado e o cultivo do espaço interior da oração e da religião.

Geralmente os homens não sabem o que fazer com o lazer porque vivem escravizados sob o fardo desumanizador do trabalho. No lazer, contudo, dar-se-ia a chance de o homem sentir-se realmente o grande sacerdote da criação que vê o mundo para além do prisma dos interesses e dos sistemas de poder, mas como o teatro da glória de Deus e a pátria humana do homem terrestre. Talvez o sentido do homem futuro se decidirá pelas formas de como ele saberá organizar seu tempo de lazer. Aqui se situa também o futuro das religiões. A elas cabe uma missão privilegiada no sentido de despertarem o homem aos valores transcendentes que inspiram e dão sentido a toda existência.

---

8. Cf. DUMAZÉDIER, J. *Vers une civilisation du loisir?* Paris: Du Seuil, 1962.
• SVOBODA, R. "Kirche, Freizeit und Tourismus". *Handbuch der Pastoraltheologie II/2*. [s.l.]: Herder, 1966, p. 309-318. • TORRES, J.C.O. "Lazer e Cultura". *Vozes*, 1968.

7.5 Teologia da Libertação: relevância teológica do processo social

Processo social é a interpenetração do domínio do homem sobre a natureza com a cultura daí resultante. Isso se exprime em formas sociais e de relacionamento entre os homens[9]. Esse relacionamento não está isento de tensões e de conflitos de ordem profunda, na distribuição e no exercício do poder, nas formas de participação, nas decisões que afetam a coletividade, na diferença de papéis que grupos exercem na sociedade e nas instituições que sobrecarregam o sistema de repressão e discriminação entre os homens. Pode-se conceber a história do processo social como uma caminhada de libertação do homem dos liames que o prendem, exterior e interiormente, fazendo-se destarte cada vez mais senhor de seu próprio destino[10].

O processo de libertação implica ruptura com situações que barravam o desenvolvimento ou o permitiam somente dentro de determinado arranjo social, reprimindo tentativas criadoras de questionamentos e superações. A libertação, se não quiser repetir a estrutura da repressão, não poderá imitá-la no modelo e na tática, mas visar uma integração das diferenças, respeitando-as sem homogeneizá-las. Desta forma a conquista paulatina de uma liberdade criadora, mantida sempre como um processo a ser continuamente feito, e não como uma meta alcançada, não permitirá que estruturações sociais e históricas assumam caráter absoluto e definitivo, mas implicará uma revolução cultural permanente.

---

9. SCHULZE, H. *Gottesoffenbarung und Gesellschaftsordnung*. Munique: Kaiser Verlag, 1968, p. 11-134.
10. GUTIÉRREZ, G. *Teología de la liberación* (Cep 3, 1971). Lima: [s.e.], 1971, p. 59s. • ASSMANN, H. *Teologia desde la praxis de la liberación*. Salamanca: [s.e.], 1973.

O processo deve se manter constantemente aberto para o futuro, com capacidade de autocrítica e de ulteriores transformações qualitativas. Só nesse sentido o processo global significa um caminhar passo a passo e, quem sabe penosamente, na linha do termo definitivo: o Reino de Deus. Nessa perspectiva é teologicamente relevante. Realiza, nos limites permitidos à situação terrestre sempre ambígua e polivalente, a vocação escatológica do mundo. Por isso traduz uma aproximação maior da realidade definitiva.

7.6 Elementos de uma teologia da secularização

Dizer que o homem é senhor da criação é afirmar que ele possui autonomia frente ao mundo. O mundo constitui a herança que o filho recebeu do Pai. Por isso ele deve considerar o mundo como coisa sua que ele pode e deve dispor e organizar com responsabilidade de filho e não com as arbitrariedades de um rebelde. O mundo como a globalidade das coisas e seres criados abaixo do homem foram entregues ao homem, para que ele exerça sua liberdade criadora e nela construa sua pátria terrestre.

O mundo é só mundo. Ele não é parte de Deus. Por isso diante do mundo o homem não cai em adoração, nem diante de suas "leis naturais". Ele venera somente Aquele que se revela através do mundo. Mas não o mundo, pois que é seu reino que ele pode dispor de forma responsável. Na história humana houve fases em que o mundo e muitos de seus objetos (sol, lua, fontes, pedras, animais) foram adorados como deuses. O mundo possuía uma grandeza divina e sacral. O homem se sujeitava no respeito religioso e caía de joelhos diante de objetos. Embora devamos prudentemente admitir que o homem antigo não venerava objetos, mas quem sabe, a divindade que se revelava através deles, contudo, não se pode negar que, não raro, se impôs aqui e acolá idolatria e panteísmo.

Face a isso o judeu-cristianismo com seu conceito de criação e de um Deus Santo (totalmente outro) e Transcendente representa inegavelmente um movimento secularizador. O mundo é criatura de Deus e não Deus mesmo. Cristianizar é, nesse sentido, mundanizar, profanizar e deixar que o mundo fique mundo e nada mais que mundo, domínio do homem e campo de seu trabalho modificador, lugar onde se prova a responsabilidade humana e se manifesta também a grandeza do Criador, no meio do mundo para além dele[11].

---

11. Cf. KLOPPENBURG, B. *O cristão secularizado*. Petrópolis: Vozes, 1971.
• BOFF, L. *Vida religiosa e secularização* (Conferência dos Religiosos do Brasil). Rio de Janeiro, 1971, com a bibliografia aí citada.

8

Maneiras de realizar a dimensão para o outro: os serviços

Se todos os homens são filhos de Deus, à sua imagem e semelhança, então todos são, por natureza, iguais e se devem mútuo amor fraterno. Daí resultam cristãos os dísticos da Revolução Francesa: *Egalité, Liberté, Fraternité*. Mais: se todos são fundamentalmente iguais, então ninguém é, por direito nativo, senhor do outro. Caso houver algum poder entre os homens (e não vemos por que não haja), esse poder deve ser interpretado e vivido como serviço. Poder o homem possui sobre objetos e sobre o mundo. Jamais sobre pessoas. A estas poderá e deverá prestar serviços.

O verdadeiro poder entre os homens assenta no amor. E o poder do amor não reside na sujeição do outro, mas no seu serviço, não na sua escravidão, mas no respeito de sua liberdade. Onde não reina liberdade não pode haver amor. Iluminadoras são as palavras de São Paulo: "Para que gozemos da liberdade Cristo nos tornou livres. Mantende-vos, pois, firmes e não vos deixeis sujeitar de novo ao jugo da servidão... Servi-vos uns aos outros pelo amor" (Gl 5,1.13). O serviço vivido entre os homens se concretiza em algumas determinações fundamentais.

8.1 O homem como pessoa. A pessoa é para outra pessoa

A dignidade do homem reside em ser ele pessoa. Uma das características do pensamento moderno consiste em sua concentração antropológica e assim ter operado uma virada no pensamento ocidental.

8.1.1 O que é ou quem é pessoa?

O conceito de pessoa é um dos mais cheios de peripécias especulativas no pensamento ocidental[1]. A tradição clássica dos gregos não descobrira a dimensão típica na qual poderia madurar uma reflexão profunda sobre o ser-pessoa. Dificultavam-no as coordenadas de seu horizonte de pensar. Um eixo destas coordenadas era constituído pelo espírito concebido como universal, transcendente e divino.

Outro eixo era composto pelo corpo informado pelo espírito, corpo material, imanente e sujeito de todas as limitações. O homem é um ser composto por duas grandezas desproporcionais. Pela morte dar-se-ia a cisão de ambos, espírito e corpo; o espírito, enfim, se libertaria dos laços limitadores da matéria e se recolheria em sua universalidade e primitiva transcendência. Assim cada homem seria um *indivíduo*, isto é, a determinação de um universal, a *humanitas*, um dos tantos representantes dela, sem contudo esgotar as riquezas do universal.

Este modelo, embora explique e equacione não poucos fenômenos humanos, não se apresenta adequado para situar a real posição do homem no cosmo e no conjunto dos seres.

---

1. SCHÜLTZ, Ch. & SARACH, R. "O homem como pessoa". *Mysterium Salutis II/3*, p. 73-89. • MOUNIER, S. *Le personnalisme*. Paris: [s.e.], 1949. • MÜHLEN, H. "Das Vorverständnis von Person und die evangelisch-katholische Differenz". *Catholica* 18 (1964), p. 108-142. • LIBÂNIO, J.B. "Modernos conceitos de pessoa e personalidade de Jesus". *REB* 31 (1971), p. 47-64.

A ele deve-se aceder com categorias que exprimam sua tipicidade.

A tradição bíblica inseria o homem dentro de outro horizonte. O homem é por natureza um ouvinte da Palavra de Deus. Sua situação fundamental é daquele que está numa permanente ausculta e de quem recebe continuamente o ser de sua relação para com o Transcendente. Sua posição fundamental é dialogal. Por isso é mais relação que ser. Diálogo supõe e exige liberdade. O homem vive dessa liberdade frente a Deus. Pode entrar numa aliança com Ele ou fechar-se e criar o seu universo de significações sem Deus.

O homem se define na resposta que dá com responsabilidade a uma proposta vinda de Deus. Jesus Cristo foi quem de forma mais perfeita realizou a dimensão dialogal do homem e por isso se constituiu no *ecce homo* por excelência.

A encarnação do pensamento cristão dentro do horizonte de filosofia grega encobriu a originalidade da concepção bíblica de pessoa. Assim a pessoa foi compreendida dentro de categorias metafísicas e objetivistas. Boécio, um dos primeiros filósofos cristãos, definiu a pessoa como "a substância individual de uma natureza racional". Os próprios termos da definição traem o caráter coisal e objetivístico do horizonte em que é compreendida a pessoa.

Como substância individual a pessoa está em si e para si, sem dependência de outros seres (subsistência). A racionalidade constitui o específico da pessoa; como espírito, pode relacionar-se com a globalidade dos seres a partir de um centro que se autopossui. A evolução posterior do conceito de pessoa caminhou no sentido de se lograr uma definição aplicável aos dogmas cristológicos e trinitários. Ricardo de São Vítor dirá que "pessoa é uma existência singular e incomunicável". Esta definição pode ser aplicada a Deus, aos anjos e aos homens: cada qual possui sua existência singular.

A definição de Boécio não valia para a Santíssima Trindade porque aqui há somente uma substância individual (natureza) e três pessoas. Em vista disto Santo Tomás substituiu substância por subsistência e chega à mesma coisa que Ricardo de São Vítor. Duns Escoto foi talvez o filósofo e teólogo medieval que mais especulou sobre o específico da pessoa humana. Ele a define como a incomunicabilidade atual e potencial do homem. Em outras palavras: ser pessoa significa não cair na zona de dependência do outro nem atual nem potencialmente; é estar em si e para si em radical espontaneidade. Num texto célebre chega a afirmar que a pessoa forma a *última solitudo entis*[2], a derradeira e radical solidão do ser. Nisso reside sua dignidade.

A tradição clássica via no ser-pessoa o momento de independência, de ausência de relação necessária para fora, o poder estar em si e para si sem necessitar para subsistir de outrem. Tal visão certamente atinou com dimensões verdadeiras e profundas do ser pessoal. Mas é também incompleta.

O pensamento moderno a partir de Lutero, Descartes, Hegel, Kierkegaard e mais fortemente na filosofia personalista e da existência meditou seriamente a originalidade da pessoa frente às coisas que existem, mas não subsistem nem se possuem. Estabeleceu-se uma distinção (não porém

---

2. *Opus Oxoniense III*, d. 1.2.1, n. 17.

separação) entre *natureza*, regida pela necessidade, e *pessoa*, dotada de liberdade e espontaneidade. A pessoa é constituída sim por um centro independente e livre, como o vira a tradição clássica, mas esse centro é essencialmente relação e comunhão e diálogo[3]. A pessoa não é uma coisa. Mas um processo de encontros e um ser-acontecimento. O centro da personalidade é formado e constituído por uma contínua doação de si. É saindo de si que fica em si. É dando que recebe o ser pessoal. Pessoa, nesse sentido, é um permanente criar-se a partir de uma relação. A capacidade de autotranscender-se (sair de si) é o específico da pessoa. Ao sair de si a pessoa volta sobre si e para si mesma a fim de, com maior intensidade, poder sair de si e autodoar-se. Como transluz: pessoa é contínuo processo e atualidade, comunhão, comunicação e panracionalidade.

A palavra fundamental não é *eu*, mas *eu-tu*. O tu criou o meu eu e somente no tu, que me aceita como sou e aceita minha doação, permaneço eu. O eu é um eco do tu.

A reflexão moderna completou a definição do pensamento clássico ressaltando que o eu permanece em sua liberdade ao se relacionar com um tu. Querendo-se conservar a linguagem da tradição deve-se dizer que pessoa é uma substância relacionada ou uma relação substancializada.

A pessoa histórica que somos cada um de nós apresenta uma dialética profunda: por um lado é um centro assentado em si, limitado, preso à concreção espaçotemporal e por ou-

---

3. LANGEMEYER, B. *Der dialogische Personalismus in der evangelischen und katholischen Theologie*. Paderborn: [s.e.], 1963. • BUBER, B. *Das dialogische Prinzip*. Heidelberg: [s.e.], 1965. • CIRNE LIMA, C. *Der personale Glaube*. Innsbruck: [s.e.], 1959. • MOUROUX, J. *Je crois en Toi* – La rencontre avec le Dieu vivant (Foi vivante, 3). Paris: [s.e.], 1965. • LIBÂNIO, J.B. "Pontos de partida ao problema da revelação no atual momento teológico". *REB* 32 (1972), p. 5-25, esp. p. 20-25.

tro é uma relação ilimitada, dinamismo insaciável e distenção para o Absoluto e Transcendente. O homem concreto é a unidade destas duas dimensões. A tradição chamou de *corpo* ao homem todo inteiro (corpo e alma) enquanto limitado e, de *alma*, ao mesmo homem todo inteiro (alma e corpo) enquanto ilimitado e aberto para a totalidade das relações. Corpo e alma não são pois duas entidades do homem, mas duas dimensões e perspectivas do mesmo e único homem[4]. A pessoa vive dessa dialética entre uma abertura infinita e uma realização parcial dela.

8.1.2 Relevância teológica da estrutura pessoal do homem

Donde vem que o homem só existe enquanto ex-iste e se relaciona? Qual é o Tu derradeiro, fundamento do tu e do eu e que cria a ambos?

A teologia responde que Deus é o Ser dialogal por excelência. Aquele tu que cria todos os eus. Ele é que chama tudo à vida e convoca para uma aliança: "As estrelas brilham no firmamento. Ele as chama e elas respondem: eis que aqui estamos" (Br 3,34s.). Deus chama e o homem responde. Eis a estrutura fundamental da teologia e antropologia bíblicas. A relação interpessoal do eu-tu-nós é a concretização e a extensão da relação mais radical homem-Deus. Cada homem é representante de Deus no mundo. Dialogar com ele é implicar num diálogo com Deus. Por isso no relacionamento humano há uma profundidade que não é esgotada nem pelo eu nem pelo tu: mas é o mistério que une e separa a ambos.

Deus tem uma presença quase sacramental no outro. Daí que rejeitar ou aceitar o irmão, como se mostra claramen-

---

4. BOFF, L. *A ressurreição de Cristo a nossa ressurreição na morte*. Petrópolis: Vozes, 1972, p. 81-86.

te no Evangelho dos cristãos anônimos (Mt 25,31-46), significa rejeitar ou aceitar Deus. A divindade se esconde incógnita no faminto, no sedento, no nu e no encarcerado. No relacionamento com o tu, atingimos o Tu absoluto, Deus. Por isso Deus nos recria como pessoas, continuamente, através de outras pessoas com as quais nos relacionamos. No fundo, a pessoa não é somente para outra pessoa, mas radicalmente para a Pessoa divina.

8.2 A humanidade como homem e mulher: teologia da sexualidade

Um dado fundamental da existência humana é a sexualidade, isto é, a humanidade existindo como homem e mulher[5]. A Bíblia o nota muito bem: "Deus criou o homem à sua imagem e semelhança. Criou-os homem e mulher" (Gn 1,27). Portanto o homem somente enquanto é masculino e feminino surge como imagem de Deus.

A sexualidade não é uma determinação meramente biológica como se fora uma função regional e genital no homem. Ela emerge como um dado fundamental e ontológico da pessoa. Pervade todas as camadas da personalidade, desde a biológica até a espiritual e mística. O sexo não é algo que o homem *tem*, mas simplesmente *é*. Daí, a sexualidade é absolutamente concebível com a virgindade e o celibato. Um dos modos de viver a sexualidade é vivê-la como virgem ou como célibe.

---

5. RANKE-HEIDEMANN, U. "Die geschichtliche Grundbefindilchkeit des Menschen". *Handbuch der Pastoraltheologie II/1*, 1966, p. 38-54. • ORALSON, M. *O mistério humano da sexualidade*. Lisboa: Morais, 1967. • *La sexualité*, número de Esprit, novembro 1960. • DOMS. H. "Bissexualidade e matrimônio". *Mysterium Salutis II/3*, p. 142-179. • MAIRE, G. *L'Homme et la femme*. Paris: [s.e.], 1952.

As formas históricas de manifestação da sexualidade no homem e na mulher variaram enormemente, como as pesquisas modernas, especialmente de Margaret Mead, o têm suficientemente ilustrado[6]. No masculino e no feminino surgem determinações biológicas diferentes. Contudo as diferenças biossexuais não devem ser demasiadamente sublinhadas. Cada feto humano apresenta-se como um ser híbrido, com disposições tanto para feminilidade como para a masculinidade. Com a evolução uma disposição se acentua mais. Sem recalcar totalmente a outra ela se impõe e determina biologicamente os sexos.

Baseada nessa ideia Simone de Beauvoir no seu célebre livro *Le deuxième sexe*[7] formulou a tese de que a mulher não nasce mulher, mas é feita como tal por condicionamentos socioculturais. A feminilidade baseada em fatores anatômicos e biofisiológicos é mitologia cristã, romantismo ingênuo ou preconceito social, diz Simone de Beauvoir. Aqui, apesar de distorções, há certamente um núcleo de verdade que deveria ser aprofundado numa pesquisa à parte.

F.J.J. Buytendijk em seu livro *La femme*[8] retoma e corrige a intuição de Simone e conclui: o que faz a mulher não são fatores acidentais como os órgãos genitais. É algo de mais radical. Suas análises fenomenológicas demonstram que a feminilidade ou a masculinidade constitui um *existencial* da realidade humana, isto é, pertence à essência histórica e permanente do homem. A feminilidade e a masculinidade correspondem a um *modo de ser* no mundo.

---

6. *Macho e fêmea*. 2. ed. Petrópolis: Vozes, 1973. • MURARO, R.M. *A libertação sexual da mulher*. 2. ed. Petrópolis: Vozes, 1971.
7. Paris: Librairie Gallimard, 1959.
8. *La Femme, ses modes d'être, de paraître, d'exister*. Essai de psychologie existentielle. [s.l.]: Desclée de Brouwer, 1967.

Como modo de ser caracteriza tudo o que o homem ou a mulher fazem.

Podem fazer os mesmos trabalhos. Mas cada qual, o homem e a mulher, fá-los-á de modo diferente. Os condicionamentos sociais e biológicos existem e circunscrevem o quadro geral dentro do qual a sexualidade se exprime e exerce, mas não a constituem essencialmente. A dependência não é fatal.

Nesse nível ontológico do sexo (mais vasto e profundo que o genital) a mulher é para o homem e o homem para a mulher sempre um tu pessoal necessário para a completa hominização. Com profunda intuição exprimia o Javista: "Não é bom que o varão esteja só. Vou dar-lhe uma companheira que lhe seja uma varoa, isto é, um *vis-à-vis* e um tu" (cf. Gn 2,18).

A mulher lhe é dada e vice-versa para que cada qual possa ser totalmente ele mesmo. Por isso é que toda a mulher possui sua carga de *animus* (masculinidade) e o homem a sua de *anima* (feminilidade) que lhes pervadem todas as dimensões de sua realidade até intracelulares.

Essa afirmação é cheia de consequências: ela sustenta que homem e mulher, considerados ontologicamente, revelam duas dimensões que estão dentro de cada pessoa humana. Cada um é ao mesmo tempo, embora sob articulações diferentes, masculino e feminino. O varão não é mulher, mas possui ele também uma dimensão feminina; a mulher não é varão, mas possui ela também uma dimensão masculina. É no diálogo, na aceitação e integração destas duas dimensões dentro de cada um que a pessoa amadurece e cresce em sua humanidade. O varão é provocação para a mulher, para ela descobrir e realizar, já a partir de dentro, sua dimensão masculina que é então enriquecida pelo contato e vivência com o varão. O mesmo vale em sentido contrário do varão em relação à mulher.

Só quem, a partir de sua própria masculinidade, respectivamente de sua própria feminilidade, se encontrar com a mulher ou com o homem, pode realmente se enriquecer e dar de sua riqueza ao outro como doação.

Existe, pois, uma reciprocidade fundamental entre o masculino e o feminino. Cada qual está numa relação dialogal com o outro. Ninguém deve se esquivar desta relação de reciprocidade dialogal ou recalcá-la. O encontro é sempre mutuamente enriquecedor.

Ninguém possui superioridade sobre o outro, mas cada qual tem uma riqueza própria e específica a doar e a receber. Um é para o outro a imagem e o representante de Deus no mundo. Juntos formam o sacramento de Deus completo na criação: "já não vale mais o homem e mulher: todos sois um em Cristo" (Cl 3,28).

Em função disso não há razão de concorrência e troca de papéis entre homem e mulher (cf. Gn 1,27; 1Cor 11,3s.11s.; Gl 3,28). Cada qual para o bem do outro deve cultivar sua especificidade. Há uma igualdade fundamental de direitos nos sexos. Por isso a Igreja, juntamente com a sociedade civil, deve se esforçar para superar o patriarcalismo dentro dela e dentro da cultura patriarcal do Ocidente. As afirmações limitativas à mulher, contidas no Novo Testamento, antes que fixações dogmáticas refletem uma situação sociológica condicionada pelo tempo, dentro da qual se fez ouvir a Palavra de Deus.

A fé deve se libertar de tais condicionamentos meramente exteriores e ressaltar a mensagem de que em Cristo todos são um e nova criatura. A Igreja deveria ser o lugar por excelência da liberdade e igualdade da mulher. Se ainda não o é, deve-se a uma estreita interpretação dos dados da revelação e sua fixação num lastro de tradições de nossa cultura onde o Logos patriarcal predominou.

8.2.1 *Elementos de teologia sobre o masculino ocidental*

O masculino, assim como foi tematizado em nossa cultural ocidental[9] (em outras culturas apresenta outras características), é mais orientado à ação sobre as coisas e o mundo exterior. Quer submeter e conquistar. Construir, destruir, criticar, pensar em conceitos abstratos, racionalizar, objetivar, extroverter-se etc., eis algumas qualidades que exageradas podem ser também os vícios do masculino ocidental. Ele é principalmente adamá (adão), isto é, filho da terra, orientado para o seu trabalho e sua história.

Segundo Buytendijk o modo de ser-masculino se revela de forma expressiva no *trabalho*[10]. Este também é feito pela mulher. Mas de maneira diferente. O trabalho na perspectiva masculina resume-se na vontade de poder e transformar o meio circunstante. Supera obstáculos e por isso é mais agressivo. Assume o desafio, subjuga dificuldades postas a serviço de um fim planejado. O machismo, típico das sociedades latino-americanas, enraizadas pela origem no reacionarismo da moral ibérica no Renascimento, é a expressão de características masculinas exageradas, da exuberância genital e de um narcisismo que se gloria em vencer outro homem por algo que no fundo não lhe interessa, a mulher.

---

9. ROUGEMONT, D. *L'amour et l'Occident*. Paris: [s.e.], 1939.
10. Cf. *La femme*. Op. cit., p. 294s.

Realizar sua vocação de masculinidade sem suas deturpações históricas, de forma que se possua a si mesmo, possa abrir-se aos outros e orientar-se para o Absoluto é contribuir para a revelação de facetas de Deus, que somente assim podem ser manifestadas.

8.2.2 Elementos de teologia sobre o feminino ocidental

A mulher é fundamentalmente, como a chama a Escritura, Eva, isto é, mãe de todos os viventes. É mais orientada para a interioridade da vida do que para a exterioridade do mundo. Tem suas raízes no dar e receber a vida a outros e a carregar essa vida, primeiro em seu seio, e depois em seu coração, pela educação dos filhos. A isto correspondem-lhe as atitudes de doação, capacidade de entrega e de renúncia.

Como a vida, a mulher é mais espontânea e intuitiva e a experimenta mais profundamente que o homem. Volta-se mais às pessoas que às coisas. É através dos olhos de uma pessoa amada ou amiga que vê as coisas objetivas. Por isso é também mais fiel e devotada. Para ela o bem supera o verdadeiro. Sente e intui mais do que discursa intelectualmente. O coração vê mais longe e profundamente, embora possa, não raro, enganar-se. É mais sensível à minúcia e à beleza que ao sistema e às abstrações. Seu modo de viver o ser humano é diverso daquele do homem. Se este se caracterizava pelo trabalho, a mulher se expressa ela mesma no *cuidado*.

O cuidado não é preocupação neurótica nem a posse obsessiva das pessoas ou das coisas. Cuidado, segundo Buytendijk, é a capacidade de dar repouso e sossego. Cuidado é dedicação. Ao trabalhar ela não transforma tanto como o homem, mas cuida da pessoa ou da coisa; dá sempre um toque subjetivo e personalizante[11]. Antes das finalidades

---

11. Cf. SPINDELDREIER, A. "Feminilidade". *Grande Sinal* 24 (1970), p. 83-92.

práticas e utilitárias, vê o sentido secreto das coisas. Nessa ótica ela é um elemento crítico e também enriquecedor para o homem. Seu cuidado é alterocentrista e doação de si na dedicação.

Talvez ninguém melhor do que esta abissínia tenha compreendido o que seja a mulher, à diferença do homem:

Como pode saber o homem o que é uma mulher? A vida da mulher é bem outra que a dos homens. Deus fê-la assim. O homem é o mesmo, desde o tempo de sua circuncisão até o tempo de sua dissolução. Ele é o mesmo antes e depois de ter encontrado uma mulher. O dia, porém, em que a mulher gozou de seu primeiro amor, divide sua vida em duas partes. Desde esse dia ela é outra. E assim permanece pela vida toda. O homem dorme com uma mulher e depois se vai. A sua vida e seu corpo são sempre os mesmos.

A mulher, porém, concebe. Ela é como mãe diferente da mulher não sendo mãe. Nove meses a fio ela carrega em seu corpo as consequências de uma noite. Cresce algo. Algo cresce em seu corpo e de seu corpo jamais irá desaparecer. Pois ela é mãe. E permanece mãe, mesmo quando a criança ou todas as crianças morrem. Pois ela carregou a criança debaixo de seu coração. Depois, quando ela nascer, ela continuará a carregá-la no coração. E do coração não desaparecerá jamais. Nem quando a criança já tenha morrido.

Isso tudo não conhece o homem. Ele não sabe nada disso. Ele não conhece a diferença entre antes e depois do amor. Somente a mulher sabe, pode falar e testemunhar. Por isso, mulheres, não vois deixeis seduzir pelos homens. Uma mulher pode somente uma coisa. Ela poderá ser prudente, ter cuidado sobre si mesma. Ela poderá comportar-se decentemente. Ela deve ser sempre o que é sua natureza. Ela deve ser sempre menina-moça e mulher. Antes de cada amor ela é menina-moça, depois de cada amor ela é mãe. Nisso poderás saber se é uma boa mulher ou não[12].

Teologicamente a mulher é mais sensível aos mistérios da graça que ao mistério da criação, mais ao mistério da redenção e da bondade humanitária de Deus que à sua onipotência, sabedoria e justiça. Vivendo com autenticidade seus valores femininos a mulher cumpre sua vocação. Ela representa Deus desta forma no mundo e completa e enriquece o que o homem revela de Deus.

8.2.3 O homem e a mulher: um sob o olhar do outro

Se o ser-homem significa feminilidade e masculinidade como modos diversos de ser (Sosein) então não existe nenhuma dependência de inferioridade ou superioridade entre eles. Nem se pode falar em complementação, como se um fosse sem o outro incompleto. O que existe entre homem e mulher é reciprocidade[13]. Por essa reciprocidade e um sob o olhar do outro é que se chega à maturidade feminina ou masculina. Quanto mais cada um é ele mesmo, tanto mais recíproco pode tornar-se. É nesse intercâmbio vivencial de dar e receber a riqueza de um e de outro que ambos maduram psicologicamente e vão assumindo as características próprias.

---

12. Cf. FROBENIUS. *Der Mensch als Schicksal*. Munique: [s.e.], 1924, p. 88; ou no prefácio da obra de KERÉNYI, K. & JUNG, C.G. *Einführung in das Wesen der Mythologie*. Zurique: [s.e], 1951.
13. Cf. as belas reflexões de MATURA, T. "Celibato e comunidade". Petrópolis: Vozes, 1968. • SPINDELDREIER, A. "Homem e mulher: um sob o olhar do outro". *Grande Sinal* 24 (1970), p. 323-332.

A reciprocidade é muito mais vasta que as relações sexual-genitais próprias do matrimônio. A reciprocidade sexual diz respeito ao aspecto ontológico da sexualidade. Existe o masculino e o feminino e ambos em sua globalidade específica se relacionam numa dimensão muito mais vasta que aquela genital. O exercício genital do sexo é uma das formas como se manifesta a sexualidade e é consentânea à vida matrimonial. O celibatário faz voto de renunciar, por causa do Reino de Deus, à expressão genital da sexualidade. Mas não é um voto de desamor e de não reciprocidade[14]. Antes, pelo contrário. É um voto de amor e de reciprocidade mais radical. O voto não emerge de uma ausência, mas de uma superabundância que não quer excluir ninguém de sua esfera de amor. Se renuncia à expressão marital é por amor a todos a quem quer servir. Por isso o voto de castidade ou virgindade não é um voto contra a sexualidade ontológica, mas, pelo contrário, voto de consagração às relações interpessoais como serviço aos outros. Daí que os religiosos não podem tabuizar a sexualidade sem destruir o suporte humano que sustenta sua maturidade.

8.2.4 *A relevância teológica da feminilidade e da masculinidade*

Tanto o feminino quanto o masculino revelam a Deus sob facetas próprias que de outra forma jamais se manifestariam. De Deus nada conhecemos senão através do homem mesmo, sua imagem e semelhança. Por isso, só conhecemos de forma realmente humana e global a Deus se o olharmos pelos olhos da masculinidade e da feminilidade e nos valores que cada qual expressa. Deus está para além dos sexos. Ele não é nem masculino nem feminino.

---

14. Cf. as lúcidas reflexões de LARRAÍN, H. "El celibato punto de vista psicológico". *Mensaje* 15 (1966), p. 367-377.

Se Cristo é a imagem do Deus invisível (Cl 1,15) e por Ele a masculinidade ganhou sua expressão mais perfeita, em Nossa Senhora a tradição da fé viu a corredentora, a Mãe de Deus e da Igreja e a Comedianeira. Por ela a feminilidade nas formas de virgem, de esposa e de mãe ganhou sua melhor tematização. Ela realizou de forma arquetípica a figura da *magna mater* e da mulher *tout court*, e desta forma revelou a Deus sob valores que só a feminilidade poderia realizar. O Cristo ressuscitado e a Igreja são vistos como o esposo e a esposa. A significação teológica desta analogia resulta igual à da feminilidade com a masculinidade. Só através destes modos diferentes de ser e contudo em mútua reciprocidade se realiza a perfeita revelação de Deus no mundo. Um é para o outro o sacramento de Deus.

8.3 Elementos de teologia sobre as relações sociais

Consideramos que as relações entre os homens não devem ser de dominação, mas de serviço. Disso se segue que todas as leis e todo exercício da autoridade têm de conservar o caráter de funcionalidade. Têm que estar em função do homem. Daí é que o caráter ontocrático da autoridade e sagrado das leis não se sustenta. As leis codificadas não são divinas, mas criação do homem para servir o homem. Por isso não é o homem para o sábado (leis), mas o sábado (leis) para o homem (Mc 2,27).

O imperador não é Deus; daí: "Dai a César o que é de César e a Deus o que é de Deus" (Mt 22,21). O cristianismo secularizou assim o conceito de lei e todas as relações sociais. As leis valem entre os homens e não regem as relações com Deus. Aqui não vigoram leis, mas liberdade, entrega, confiança e amor filial. Se o cristão assim relativiza a lei, ele não é contudo um anarquista ou antinomista. Ele aceita também as leis e sem elas a sociedade não se sustenta. Mas ele entende diversamente a função das leis. Elas devem servir. E, se escravizam o homem, este pode considerar-se soberano frente a elas (cf. Gl 5,1), mas não frente à responsabilidade e o dever de servir, de acatar e respeitar[15]. Autoridade alguém possui não tanto porque dela foi investido, mas porque por seu modo de viver e de se relacionar atingiu tal profundidade que pode orientar a outros. A investidura confere poder que deve ser legitimado pela autoridade.

Quando à autoridade constituída falta "autoridade" moral, ela é legitimamente exercida, mas degenera em *poder* que oprime e não mais serve. A verdadeira autoridade sabe respeitar o outro, auscultá-lo e jamais endurece a interpretação da lei, porque compreende a profundidade do mistério do homem e a liberdade dos dons do Espírito que sopra onde quer e que transcendem a letra da lei. A autoridade exercida como poder e domínio que unidimensionaliza e enquadra todos dentro de uma mesma compreensão, mesmo que ela invoque continuamente a assistência do Espírito, como é o caso aqui e acolá entre autoridades eclesiásticas, por esse mesmo fato demonstra que nela não está o Espírito. Se nela estivesse o Espírito reinariam respeito, vontade de serviço e não de dominação, atitude de ausculta e não de redução ao silêncio aos que pensam e agem diversamente. A verdadeira autoridade sabe acatar as diferenças e as acolhe como articulações diversas do único mistério que nunca se esgota em poderes ou leis.

---

15. BORNKAMM, G. "Die christliche Freiheit". *Das Ende des Gesetzes*. Munique: Kaiser, 1963, p. 133-138. • SCHLIER, H. *Der Brief an die Galater.* Göttingen: [s.e.], 1949, p. 163-165.

Todo relacionamento humano se realiza sob o signo da graça e do pecado. Por isso a autoridade corre sempre o risco de ser exercida como poder; de o amor degenerar em forma refinada de sujeição do outro. Todas as relações humanas têm a tendência de se organizarem no sentido da relação senhor-escravo. No amor, no matrimônio, na amizade, no trabalho, na escola, na Igreja e na sociedade. Cristo ensinou o amor como a forma do relacionamento entre os homens. Amor não é sentimentalismo dos gestos do abraço, do sorriso, do beijo e da simpatia social de um para com o outro.

Amor, no sentido neotestamentário, significa capacidade de transformar as relações senhor-escravo em relações fraternais. Cristo não quis o sacro poder (hierarquia), mas o sacro serviço (hierodulia): "os senhores do mundo mandam com poder sobre as nações. Convosco não deve ser assim. Quem quiser mandar sirva e quem quiser ser o primeiro seja o último" (Lc 22,25-27). Aqui temos o sentido funcional e serviçal de todo o relacionamento que liberta em vez de legitimar uma estrutura de poder e de dominação[16]. Cristo quis que os homens se chamassem não de servos ou de senhores, mas de amigos e irmãos (cf. Jo 13,15-19).

Esse modelo cristão de organizar a vida social em relações fraternas e daí iguais não encontrou ainda, depois de dois mil anos, concretização histórica nem na sociedade nem na Igreja. Esta assumiu o modelo grego de poder, calcado sobre uma visão ontocrática e metafísica do mundo. Mas a mensagem de Cristo nos oferece uma medida crítica e um vigor para tentarmos viver fraternalmente a vida social, dentro dos conflitos insuperáveis que a caracterizam.

---

16. Cf. STAUFFER, E. *Die Botschaft Jesu damais und heute*. Munique: [s.e.], 1959, p. 26-36.

9
Maneiras de realizar a dimensão para Deus: as vocações

Todas as nossas reflexões até aqui visaram salientar as múltiplas dimensões da vocação do homem, chamado a ser senhor, irmão e filho. Se agora reservamos esta palavra *vocação* para exprimir a relação específica do homem para com Deus, não queremos com isso insinuar que as dimensões do homem voltadas para a terra e para o irmão não estejam incluídas no conceito vocação. Tudo forma a vocação humana integral. Entretanto, a explicitação do relacionamento do homem com Deus pode ser chamada por excelência de vocação. Por isso a reservamos para esse âmbito e a tomamos no sentido específico: Deus chama e vocaciona, o homem atende e segue a vocação de forma consciente.

Podemos dizer que a vocação radical do homem diante de Deus é de ser filho, no sentido mais profundo e ontológico que esta palavra implica. Não só o cristão batizado é filho de Deus. Jesus Cristo revelou o caráter filial de todos os homens porque Deus é Pai de todos e a todos, bons e maus, ama como seus filhinhos bem-amados (cf. Mt 5,45). Por isso é dogma indiscutível e certeza segura da fé cristã de que "Deus quer salvar a todos e levá-los ao conhecimento da verdade" (1Tm 2,4). Apesar do pecado original e atual, Deus continua se autocomunicando ao homem e fazendo uma pro-posta e esperando dele uma res-posta com res-ponsabilidade.

O problema não é se o homem *pode* ou não salvar-se. Deus sempre quer a salvação e a oferece a todos. O problema é se o homem *quer* salvar-se. Por natureza é constituído com a capacidade de ouvir a Palavra de Deus. O problema não está se há ou não uma Palavra de Deus para o homem. Esta sempre existe e é oferecida. O problema reside nisso: se o homem está disposto a ouvi-la ou não. Todos os que res-pondem com a sinceridade de seus corações constituem o Povo Santo de Deus, tirado de todos os povos e de todas as religiões até dentre os ateus de boa vontade que buscam a verdade e seguem sua consciência (cf. LG 14, 16). O poder responder já é dom de Deus e graça de salvação agindo na história.

Todos são vocacionados à santidade, isto é, todos devem buscar Deus, abrir-se filialmente a Ele e diante dele cair de joelhos. Se o homem se fecha, ele está se voltando contra si mesmo. Constrói um caminho que é descaminho porque não leva ao ponto ômega e ao Reino.

Continuamente o homem se sente interpelado por Deus; está sempre sendo chamado e vocacionado, "muitas vezes e por muitos modos" (Hb 1,1). Primeiramente cada pessoa individual pela consciência. Depois de modo oficial e público pelas religiões codificadas especialmente pela Igreja, comunidade dos fiéis. Pela vocação Deus se dirige diretamente ao homem, embora sua mensagem venha sempre mediatizada pela vida, pela história ou por outros canais.

Mas é sempre o homem que é visado. Ele tem que responder. A cada pro-posta corresponde uma res-posta. Daí surge a res-ponsabilidade de auscultar e de responder positiva ou negativamente. Disso depende a salvação ou a perdição do homem. Se Deus fala, onde podemos ouvi-lo?

9.1 Reflexões teológicas sobre a consciência e a história como lugares da revelação de Deus

A revelação de Deus não deve ser pensada de forma miraculosa, como se Deus interviesse dentro da história do mundo[1]. Isso não é excluído, mas não é o modo normal e comum como Deus se revela e comunica sua Palavra. Esta também não deve ser representada como um oráculo ou como um feixe de verdades e de soluções pré-fabricadas para os problemas do mundo. A Palavra de Deus não nos dispensa de pensar, tatear, buscar, esperar e tomar decisões.

9.1.1. A história como revelação

A revelação e a Palavra de Deus se dão na história. Mas como na história? Criam elas uma história santa dentro, ao lado, acima ou na profundidade da história profana? Considerando-se atentamente os escritos do Antigo e do Novo Testamento, como o tem feito há mais de 50 anos a exegese séria[2], descobre-se aí a estrutura da revelação de Deus. A revelação de Deus se dá dentro da vida e da história humana.

---

1. Cf. todo o número da *REB* de março de 1972, *Revelação e sinais dos tempos*, especialmente os artigos do Prof. Emmanuel Carneiro Leão, p. 92-101, e Leonardo Boff, p. 26-41.
2. Exemplar é o trabalho de VON RAD, G. *Theologie des Alten Testaments* I, II. Göttingen, 1958. • MESTERS, C. "A concepção bíblica da Palavra de Deus". *REB* 29 (1969), p. 13-37. • SCHLETTE, H.R. *Epiphanie als Geschichte*. Munique: [s.e.], 1966.

O homem se confronta com a vida, com seu passado, presente e futuro. Busca um sentido derradeiro e transcendente de tudo. Nos fatos que vivencia pessoal e comunitariamente não vê apenas a dimensão política, econômica, ideológica etc., mas procura neles um sentido que lhe diga respeito e que lhe seja absolutamente importante. É uma espécie de voz que surge das profundezas de uma realidade, voz essa não igual e no mesmo horizonte das demais vozes, mas que emerge da globalidade da realidade.

Revelação é um modo de considerar a única história que vivemos, contudo, a partir da Última Realidade, descoberta e decifrada como o sentido último da Realidade. A fé judeucristã chamou a esse sentido radical, não de uma força impessoal e cósmica, mas de Deus, Pai e Amor, e no Novo Testamento de Jesus Cristo como o Sentido (Logos, Verbo) feito carne e habitando entre nós! (Jo 1,14). A história da salvação não é uma história dentro da história, mas a própria história vista a partir de seu Sentido Último, revelado como Deus.

Deus sempre se comunica com os homens. Apesar do pecado original, Deus continua a amá-los e desejar sua salvação. Isto quer dizer que Ele jamais deixa de se autocomunicar e de se autorrevelar aos homens e de fazer-lhes permanentemente uma pro-posta que aguarda uma res-posta. A história da pro-posta divina e da resposta humana constitui o processo da história da salvação que é simultaneamente também história da perdição. As religiões do mundo constituem tentativas e reações humanas face à pro-posta de Deus. Por isso, apesar dos erros que possam conter, elas não são meramente naturais, mas nascem de uma res-posta dada a uma pro-posta sobrenatural e divina prévia. E essa res-posta já vem impulsionada pela pro-posta, pois é por ela provocada.

86

A Sagrada Escritura do Antigo e do Novo Testamento representa o testemunho exemplar e privilegiado de como os homens na fé ouviram a Palavra de Deus (sua revelação). Auscultaram-na de forma tão perfeita que a comunidade da fé a julgou canônica, isto é, normativa e exemplar para todos os homens-ouvintes-da-Palavra-de-Deus[3].

Talvez um exemplo do que seja o processo revelador de Deus, ainda hoje na vida e na história, nos mostre onde e em que horizonte de compreensão deve ser situado. Imaginemos alguém colocado numa situação em que deve tomar uma decisão importante na vida: a escolha de uma vocação, de uma profissão ou de um(a) companheiro(a) na vida. Geralmente as pessoas entram numa espécie de crise. Veem várias possibilidades e as possíveis consequências de uma decisão tomada. Surge a inquietação. Não pode permanecer na indecisão. Pensa e repensa, pesa e sopesa os argumentos. Consulta amigos e conselheiros. Trata-se, na verdade, de algo de grande importância. Ninguém poderá substituí-lo em sua decisão, nem o conselheiro nem qualquer outra autoridade exterior e superior. A ansiedade pode aumentar mais e mais. A crise torna-se aguda e vai acrisolando a pessoa para assumir os riscos de uma decisão. Após certa maturação, surge uma decisão firme pela vocação ou por um(a) companheiro(a) com quem caminhará junto na vida.

Essa decisão vale como uma voz que emerge das profundezas e da globalidade da situação. Não é um oráculo misterioso. Nem nos dispensa de refletir e tatear. Mas colocou-nos diante de uma situação em que nos sentimos diante de uma

---

3. Cf. meus estudos: "Tentativa de solução ecumênica ao problema da inspiração e da inerrância". *REB* 30 (1970), p. 648-667.

perspectiva última. Embora fique o equilíbrio das possibilidades, surgiu em nós o vigor para uma decisão com as consequências e também chances de erros nela implícitos. Essa decisão elimina as ansiedades. Faz-nos sair da crise. Nessa situação o homem foi ouvinte da Palavra de Deus que se fez ouvir de dentro da situação, como sentido, como algo que me diz definitivamente respeito e desafia – minha consciência. Aí surge a responsabilidade e o homem se define a si mesmo diante da vida e diante do sentido que latentemente é Deus.

A Palavra de Deus é uma estrutura da própria vida porque o homem, ontologicamente e por seu estatuto criacional, é um ouvinte-da-Palavra-de-Deus. Pode permanentemente ouvi-la ou fechar-se a ela. E ela nos vem ao encontro no dia a dia de cada dia, nos momentos de crise e decisão, bem como nos momentos do tranquilo gozo da quotidianidade quando se vivem os resultados e decisões tomados na fidelidade de um caminho ou projeto de vida. A história, pois, é o lugar da revelação de Deus.

Se, como refletimos anteriormente, Deus tudo penetra e circunda, então se torna claro: tudo o que existe é manifestação de Deus; é teofania divina; é revelação e Palavra de Deus. Cabe ao homem aguçar os ouvidos e captar Deus, sempre misturado nas coisas. A consciência é o tímpano de sua vibração e captação.

9.1.2 *A consciência como audição da revelação*

Talvez alguns exemplos tornem claro como a consciência é o lugar da captação da revelação ou da Palavra de Deus. No ano 310 o imperador romano Maximiano manda dizimar uma unidade de soldados cristãos na frente de batalha porque se negaram a matar cristãos inocentes. Os que sobrevivem escreveram ao imperador.

Nós somos teus soldados, imperador. Porém, com toda a liberdade confessamos que somos primeiro servos de Deus. A ti prestamos serviço militar. A Deus prometemos nada fazer de mal. Não podemos obedecer ao imperador assim que ofendamos a Deus que é também teu Criador, embora tu o negues. Primeiro juramos a Deus, depois juramos ao imperador (Juravimus primum in sacramenta divina, juravimus deinde in sacramenta regia). Vê, imperador: nós temos nossas armas na mão, porém não fazemos nenhuma oposição. Preferimos morrer a matar. Preferimos como inocentes ser mortos a viver com a consciência pesada[4].

Mil e quinhentos anos após, a 3 de fevereiro de 1944, escreve outro soldado cristão a seus pais:

Queridos! Hoje devo comunicar-lhes uma notícia muito triste. Fui condenado à morte porque me neguei a executar prisioneiros russos indefesos. Prefiro morrer a levar pela vida afora a consciência carregada com o sangue de inocentes. Queridos, embora seja duro para mim e para vocês, sei que vocês me compreenderão. Foi a senhora, mamãe, que me ensinou a seguir sempre primeiro a consciência e só depois as ordens dos homens. Agora chegou a hora de viver esta verdade. Rezem por mim. Agradeço-lhes por tudo o que fizeram por mim, desde pequenino. Perdoem-me e peçam a Deus por mim. Seu Filho Alfredo[5].

---

4. *Passio Agaunensium*, 9.
5. MALVEZZI, P. & PIRELLI, G. (org.). *Letzte Briefe zum Tode Verurteilter aus dem europäischen Widerstand*. Zurique: [s.e.], 1955, p. 489.

Que força é essa que nestas duas pequenas histórias deu coragem aos soldados romanos e ao soldado alemão na frente de batalha de poderem agir assim? Que voz é essa que aconselhou antes morrer do que matar? Que poder possui essa voz interior a ponto de vencer o medo natural da morte?

É a voz da consciência. Cada homem a escuta soar dentro de si e jamais poderá levá-la ao silêncio. Ela está dentro do homem. Vem do coração. E contudo está acima de tudo. Ela está para aquém das leis. Existem atos que clamam ao céu, ou melhor, clamam pelo inferno. Há fatos criminosos, como chacinar inocentes, explorar a miséria e necessidade do pobre que, independentemente das leis justas ou injustas, clamam por condenação. Uma voz interior inapelável nos exige a condenação. Podemos fugir como Caim. Ela continua a soar leve ou fortemente. Contudo sempre e constantemente.

O mau foge mesmo que ninguém o persiga. Por que foge ele? Donde lhe vem o medo e o pavor? Quem é esse que vê dentro do coração, para quem não existem câmaras secretas nem segredos? Novamente a consciência. Ela julga, admoesta, premia e castiga. Já os sábios antigos diziam: A consciência é Deus em nós. Sêneca escreveu com acerto: "A consciência é Deus dentro de ti, junto de ti e contigo". Cada homem percebe que a consciência é maior do que ele mesmo. Ele não possui poder sobre ela. Ele não a criou. Ele não pode destruí-la. Mas pode desobedecer a ela. Negá-la. Violentá-la. Mas fazê-la silenciar, ele não pode.

A existência da consciência em nós nos eleva acima de nós e nos coloca diante daquele que fala em nós: Deus. A consciência que nos chama para o bem, evoca-nos para a responsabilidade e apela constantemente para a abertura aos outros é a voz de Deus que nos atinge. E nos atinge através de situações, pessoas, coisas e fatos que nos provocam e despertam para esses valores cuja negação significa nossa própria desumanização e perdição. Essa voz soa imediatamente no interior de cada homem. Contudo vem sempre mediatizada pela vida e por situações que nos envolvem e provocam em nós uma tomada de posição. Essa voz é tão importante que Paulo podia dizer:

> Tudo o que não for feito com convicção, isto é, com consciência, é pecado (Rm 4,23).

Por isso ela constitui a norma imediata de nossas ações. Não a lei, não a ordem do superior civil ou religioso vem primeiro, mas a consciência, como norma interior e derradeira instância. Ela é intocável e suprema. Até Deus a respeita e julga cada qual segundo a sinceridade de sua consciência. O respeito a ela é tão grande que até a consciência invencivelmente errônea deve ser ouvida e seguida. O Concílio Vaticano II ensina claramente:

> Mesmo quando invencivelmente erra, ela não perde sua dignidade (GS 16/248; 28/287; DH 2/1537).

Está em consciência invencivelmente errônea aquele que buscando a verdade com sinceridade e esforço, perguntando, estudando, informando-se, questionando-se a si mesmo e criticando suas próprias convicções íntimas, assim mesmo erra. Se alguém fez tudo isso, então tem o direito de ser respeitado e ouvido em suas convicções e de agir consequentemente.

Tal consciência pode trazer conflitos privados e sociais. Sua voz pode se manifestar tão alta e potente que exija protesto, renúncia de segurança e risco da própria fama e vida.

Os apóstolos presos e torturados diziam às autoridades policiais romanas: "Não podemos deixar de pregar a Jesus Cristo e aquilo que vimos e ouvimos dele" (cf. At 3,20). Paulo, contando os sofrimentos, os açoites, as torturas e ameaças de morte por que passou, exclamava: "Ai de mim se não evangelizar!" (1Cor 9,16). E São Pedro consolava os cristãos perseguidos por causa de sua consciência cristã: "É graça se alguém, por motivos de consciência diante de Deus, suporta as ofensas injustamente irrogadas" (1Pd 2,19).

9.1.3 A necessidade da crítica: o mal causado pela boa consciência mal-informada

Seguir a sua consciência é um direito fundamental de todo o homem, porque por ela é que ouve o apelo e a Palavra de Deus. Contudo o homem não está só nesse mundo. Sua consciência está situada dentro de um contexto humano e histórico que a influencia. A carga atávica acumulada em seu inconsciente pessoal e coletivo, a família e a sociedade marcam-na profundamente. A educação procura moldá-la nem sempre com sucesso. As informações recebidas por todos os canais podem formá-la tanto para o bem quanto para o mal. A consciência pode identificar-se com as convenções sociais e a escala de valores de uma ideologia vigente.

A consciência que quer ser verdadeira deverá ser forçosamente crítica, isto é, deverá perguntar-se a si mesma se aquilo que escuta é a voz do sistema, do superego social, da moda, das convenções, dos jornais, das informações do rádio e da TV ou se é realmente a voz dos imperativos que ressoam em seu interior e vêm do coração de uma situação. Todo o homem pode errar tragicamente, com a melhor das boas vontades. Já Pascal observava: "Nunca fazemos tão perfeitamente o mal como quando o fazemos com boa consciência". E Camus, refletindo sobre os equívocos de uma moral da obediência cega, ponderava: "A boa vontade pode causar tanto mal quanto a má vontade, quando não for suficientemente bem-informada".

A má vontade podemos enfrentá-la e combatê-la porque se apresenta a descoberto. A boa vontade mal-instruída e sem a crítica da razão engana pela aparência. Pode fazer o pior dos males, embora a pessoa tenha a intenção de fazer o bem e ingenuamente não se questiona. Especialmente semelhante falta de espírito crítico encontramos entre religiosos e cristãos fiéis ao sistema católico. Toda a educação os encaminhava ao acato irrestrito à autoridade civil e religiosa.

Fazer a vontade do superior – acreditava-se – é cumprir a vontade de Deus e ouvir Deus pela boca dos homens. Que Deus fale de modo infalível por boca humana é até dogma católico. Mas somente em casos especialíssimos. Então a suprema autoridade do papa é infalível, mas somente quando preencher condições indispensáveis: em assuntos de fé e moral; querendo falar para toda a Igreja universal; de modo irreformável e manifestando explicitamente tal intenção.

Em tais casos, que são pouquíssimos na história da Igreja, é uma autoridade humana infalível. Em outros casos pode errar e tem errado desastrosamente. Exemplos históricos não faltam.

Há anos publicou-se na Alemanha uma tabela dos massacres humanos desde 325 até 1912[6]. As cifras são estarrecedoras: cerca de 24.321.000 homens foram massacrados por não cristãos que, seguramente em muitíssimos casos,

---

6. LUDWIG, G. *Massenmord im Weltgeschehen*, [s.l.]: [s.e.], 1951, p. 14-41.

mataram ou agiram obedecendo a ordens de cima e não se questionaram criticamente. Cerca de 17.390.000 foram exterminados por cristãos, quem sabe imbuídos de boa-fé e consciência sem crítica. Haja vista as cruzadas, as absurdas cruzadas de crianças, as lutas religiosas na época da reforma e ainda hoje os morticínios na Irlanda.

E depois de 1912 aconteceram as duas grandes guerras, a da Coreia e do Vietnã e inúmeras guerrilhas. Exemplo clássico de uma consciência sem crítica e que se identificou totalmente com o sistema vigente temo-lo na figura de Rudolf Hess. Ele fora chefe do campo de concentração em Auschwitz e comandou a matança de 2,5 milhões de judeus. Preso em 1945, foi entregue para o julgamento à Polônia. No cárcere em Krakau escreveu calmamente, numa caligrafia impecável, sua autobiografia como matador de milhões[7]. Em 1941 comunica Hess que Hitler determinara o extermínio da raça judaica. Recebe ordens de preparar as câmaras de gás e comandar pessoalmente os extermínios em massa. Em sua autobiografia escreve Hess:

> A ordem parecia algo de incomum e de monstruoso. Contudo sua fundamentação parecia-me certa. Jamais questionei. Recebi a ordem e devia executá-la. Se esse extermínio de judeus era necessário ou não, sobre isso não fiz nenhum juízo [...] O que o Führer mandou [...] estava sempre certo[8].

No outono de 1941 o primeiro grupo (900 oficiais russos) foi liquidado na câmara de gás. Hess assistiu ao macabro teatro munido com uma máscara contra o gás. Os 900 entram pensando que vão tomar um banho de duchas. Era

---

7. *Kommandant in Auschwitz*. Stuttgart: [s.e.], 1961.
8. Ibid., p. 120-121.

assim que se apresentavam as câmaras de gás, como duchas para banho. As portas são aferrolhadas. Num primeiro jato de gás centenas gritam: Gás! Gás! Há gritos infernais. As portas resistem. Uns momentos mais, e só há um montão de cadáveres. Hess comenta:

O morticínio dos prisioneiros russos não me trouxe nenhum problema de consciência. Era ordem a ser cumprida[9].

Não se pense contudo que Hess fosse um tarado da pior espécie. As análises psicológicas e os estudos sobre sua autobiografia mostram-no absolutamente normal. Um homem de ordem e de disciplina, bom pai de família. O Prof. Martin Broszat, do Instituto de História Atual na Alemanha, comentarista da obra de Hess, observa: "Aqui temos um caso sem paralelos de alguém que se identificou totalmente com a ordem vigente, com o chefe e com o sistema, que praticou os maiores crimes contra a humanidade na melhor das boas consciências"[10]. O mal atinge assim a sua forma mais perfeita e o homem o grau mais elevado de alienação. Só porque não teve atitude crítica. Não examinou e questionou se sua consciência era verdadeira ou errônea.

A todos assiste o direito de seguir sua consciência errônea, contanto que procure sempre se formar e informar, manter uma atitude crítica e uma permanente disponibilidade de aprender. O importante não é saber muito. Mais importante é possuir a capacidade de aprender sempre mais e manter-se aberto às realidades novas. Só depois de ter feito tudo isso poderá tranquilamente seguir sua consciência, mesmo errônea. Há omissões que recebem do juiz eterno a condenação absoluta:

---

9. Ibid., p. 122.
10. Cf. BOFF, L. "O mal na sua forma mais perfeita". *Vozes* 65 (1971), p. 161-163.

Senhor, quando foi que te vimos faminto, ou sedento, ou peregrino, ou enfermo, ou em prisão e não te servimos? Em verdade vos digo que, quando deixastes de fazer isso a um destes pequeninos, a mim não o fizestes. E eles irão para o suplício eterno [...] (Mt 25,44-46).

Esses condenados não se perguntaram e questionaram se talvez sob a capa do anonimato não se escondesse o próprio Deus e Jesus Cristo. Se Deus aparecesse a descoberto certamente que o teriam servido. A omissão fê-los perder.

Identificar-se com os valores e vontades de um sistema político e até eclesiástico, sem reservar-se a atitude crítica e a liberdade que Cristo nos conquistou e que devemos defender, é sinal de imaturidade espiritual e característica de todo o pensar ideológico. Já Kant, no seu opúsculo *Was ist Aufklärung?* (Que é o Esclarecimento, o Iluminismo?), notava irônico:

> Como é bom ser espiritualmente imaturo! Ter um livro que pensa em meu lugar! Um confessor que possui a consciência em meu lugar! Um médico que estabelece a dieta em meu lugar! Assim não preciso me preocupar com nada. Basta pagar *alguém*! E haverá sempre pessoas que assumem para os outros semelhantes negócios aborrecidos[11].

E esses outros, com o crescer das instituições e da intercomunicação humana, multiplicam-se cada vez mais. Somam-se assim cada vez mais os perigos de o homem se alienar em sua consciência, de regredir de pessoa à massa. Política e religiosamente tal atitude do homem-sistema é muito perigosa porque em nome desse mesmo sistema

---

11. Göttingen: Vandenhoeck-Ruprecht, 1967, p. 55.

pode fazer e justificar os piores males. O próprio Cristo foi vítima da boa vontade mal-informada e sem crítica dos judeus. Pensando prestar um serviço a Deus mataram, por um enorme equívoco, o próprio Filho de Deus.

É que Cristo com sua "nova doutrina" (Mt 1,27), por sua coragem em denunciar a rigidez oprimente do sistema religioso tradicional ("Ouvistes o que foi dito aos antigos, eu, porém, vos digo..."), punha em risco a segurança e os fundamentos da ordem vigente. Tudo o que serve ao sistema é bom. O que contesta é logo difamado como subversão do povo (Lc 23,2.5).

A consciência é o órgão pelo qual Deus fala individualmente no coração de cada pessoa. Aqui reside a radical dignidade do homem e sua inviolabilidade. Ele está em contato com o Mistério absoluto não manipulável e sacrossanto. Para que a consciência possa se manter aquilo que deve ser, necessita da crítica acrisoladora. Ela pode ser manipulada subreptícia e inconscientemente. Permanecendo crítica ela pode então discernir a voz de Deus do vozerio dos tempos.

9.2 A vocação do homem para entrar na Igreja, o lugar público da revelação

Se o homem deve seguir a voz interior de sua consciência porque é a voz de Deus, deve também seguir a voz de Deus que fala fora dele, pela comunidade da fé, a Igreja. Antes de tudo e de forma definitiva falou Deus aos homens em Jesus Cristo. Ele era a Palavra de Deus que atendeu entre nós (Jo 1,14). Quem falava com Cristo dialogava com Deus (Jo 14,8). Cristo era o sacramento do Pai, isto é, era a melhor expressão humana do Pai a ponto de ser um com Ele. Subindo ao céu essa função reveladora e explicadora de Deus passou para a Igreja.

Assim como Cristo era o sacramento do Pai é a Igreja o sacramento de Cristo[12]. Por ela Cristo ganha forma concreta no mundo. Quem vive na comunidade de fé, que é a Igreja, vive em Cristo. Dizendo isso não queremos sacralizar e legitimar tudo o que existe na Igreja. A Igreja possui a tarefa de ser o sacramento de Cristo. Deve realizá-la constantemente. Deve questionar-se se suas instituições, sua linguagem, seus ritos, seus cânones dogmáticos cumprem a tarefa fundamental dela: presencializar no mundo Jesus Cristo e sua causa libertadora. Por isso ela deve se submeter a si mesma a uma permanente crítica para purificar-se, acrisolar-se e tornar-se cada vez mais transparente ao mistério de Cristo. Desta forma ela é "quasi divina revelatio", como se dizia no tempo do Vaticano I.

Todo homem que ouve a Palavra de Deus e segue com sinceridade sua consciência é um cristão. Mas ainda anônimo e latente. Contudo está chamado a professar e a testemunhar Deus na publicidade do mundo, a dar forma concreta e comunitária à sua adesão a Deus. Assim surge a Igreja, comunidade dos fiéis. Na raiz da Igreja está a fé. Não são os dogmas, os ritos, as fórmulas e os cânones que produzem a fé. Mas é a fé que produz os cânones, as fórmulas, os ritos e os dogmas e por eles se exprime. Comumente não são os milagres que produzem a fé. Mas a fé produz os milagres.

Sem a fé a Igreja não subsiste como entidade teológica. É através da fé vivida concretamente nas suas expressões externas que a Igreja se torna um "sinal levantado entre as nações" a convidar os homens para a profissão pública de Deus e de Jesus Cristo.

---

12. BOFF, L. *Die Kirche als Sakrament*. Paderborn: [s.e.], 1972. • Id. "Concílio Vaticano II: Igreja-Sacramento-Primordial". *Vozes* 58 (1964), p. 881-912.

9.3 O sentido de ser cristão explícito hoje

Se todos os homens que escutam a Palavra de Deus, fazendo-se ouvir dentro da vida, são cristãos, embora latentes, que significa então ser cristão patente? Ser cristão patente ou explícito significa, como as palavras *patente* e *explícito* insinuam, um crescimento de consciência da realidade religiosa. Ser cristão patente é poder viver dentro do horizonte de consciência que vê toda a história humana como história de salvação e como história do mistério de Cristo, atuando ontem, hoje e amanhã. O cristão explícito, por sua vocação, é católico; com isso queremos dizer: ele vê e contempla todas as realidades, mesmo as mais distantes e diferentes, como manifestações de Deus e de Cristo. Nada lhe é alheio. Descobre a identidade do mistério divino e crístico nas diferenças de religião, de cultura, de língua e de tempo. Nada está fora de Deus e de Cristo. O próprio inferno não está fora de Deus e de Cristo. Desta forma o cristão explícito é um católico, i. é, um espírito universal.

Com isso, não se afirma que ele aceite tudo e que não mantenha seu espírito crítico. Ele rejeita e luta. Porque embora tudo repouse no mistério de Deus e de Cristo, há também a res-posta humana falha e ambígua. Não é porque foi capacitado de ver Deus e Cristo no homem, no animal, na acha de madeira e num pedaço de barro que irá comer o barro. Há articulações que não revelam adequadamente o mistério divino, que coisificam a Deus ou manipulam o Transcendente no interesse da vontade de poder humana. Com isso não significa que estão fora de Deus, mas que não deixam Deus ser Deus e o mistério mesmo o sugere e indica para o homem.

O cristão explícito professa ainda na publicidade universal o sentido radical do mundo e do homem. Esse sentido se manifestou na história e de forma definitiva no caminho de Jesus de Nazaré morto e ressuscitado. Não a morte e a aniquilação do mundo nos estão prometidas, mas a total florescência daquilo que já aqui descobrimos como valor e bondade. Mesmo aquilo que parecia desvalor aparece em Cristo com sentido e com futuro. O morto, o ofendido e derrotado, o injustiçado e último da terra também chega e tem vez diante de Deus. A ressurreição no-lo revelou, porque aquele que Deus mesmo havia abandonado (Mc 15,43), aquele que segundo a lei se fez maldito (Dt 21,23; Gl 3,13; Hb 4,15), esse é que ressuscitou e assim chegou à máxima hominização e divinização. Não tanto o passado preocupa e interessa o cristão, mas o futuro. Este não será repetição do ontem, mas será realmente um amanhã, onde Deus será totalmente Deus em todas as coisas, e o mal, a dor, a alienação do pecado e da morte terão definitivamente passado.

A vivência coerente desta visão implica um homem novo e renovado, libertado já da demasiada carga do passado e aberto à novidade quotidiana de Deus. Em nome do Reino futuro, contesta os reinos presentes que se absolutizam e querem se apresentar como a resposta ao problema humano, seja os reinos de ordem política, ideológica, científica ou até a religiosa.

Esta perspectiva de futuro faz com que o cristianismo seja um permanente atrativo aos homens, especialmente aos melhores espíritos e às inteligências mais exigentes. Apesar da mediocridade da Igreja institucional, de seus homens e de suas doutrinas, o cristianismo mantém sempre o fascínio que herdou de Jesus Cristo: a perspectiva radical, a dimensão de futuro e o anúncio de um desfecho feliz para o homem e para o cosmo.

Desta maneira o cristão, como Jesus Cristo, é um homem por excelência da reconciliação universal. Todas as tensões e diferenças são vistas numa unidade mais profunda, aquela do mistério de Deus e de Cristo se manifestando e atuando por tudo. Não pretende nivelar, nem homogeneizar tudo, mas tenta ver a identidade divina na diferença de suas articulações e manifestações respeitando-as como faces novas pelas quais ela se comunica ao mundo. Se critica e acrisola aquilo que assume, não é para rejeitar, mas para que tudo seja, na sua própria diferença, cada vez mais transparente e límpido para o único Mistério de Deus e de Cristo.

9.4 As vocações dentro da Igreja

A Igreja é um corpo possuindo muitas funções. Nela todos possuem o seu carisma, um de uma, outro de outra forma (1Cor 7,7; cf. 12,7). "Assim como cada qual recebeu o seu carisma, assim sirva ao outro como bom administrador das multiformes graças de Deus" (1Pd 4,10). Carisma, assim o podemos exprimir, significa fundamentalmente um serviço[13]. Daí todos possuem o seu serviço e exercem a sua função. Assim alguns são chamados para esse, outros, para outro serviço. Todos são vocacionados a viver a reconciliação de Cristo e por isso a exercer seu sacerdócio.

Cada qual deve auscultar-se a si mesmo e descobrir quais as aptidões que Deus lhe deu e como pode exercitá-las também em benefício dos outros. Alguns receberam o

---

13. Cf. a obra fundamental de HASENHÜTTL, G. *Charisma, Ordnungsprinzip der Kirche*. Freiburg: Herder, 1969.

carisma (aptidão, serviço) de presidir a comunidade no culto; outro, de ser um bom pregador (profeta); estoutro, de administrar os bens. A maioria é chamada a viver não simplesmente o casamento, mas o matrimônio cristão. Este se situa numa dimensão mais profunda que o simples casamento.

O amor matrimonial é vivido não apenas como símbolo da mútua entrega e da união de duas vidas, mas como símbolo do amor de Deus com toda a humanidade e especialmente para com a Igreja, como aquela porção de humanidade mais consciente de sua vocação em Cristo para Deus. Há ainda alguns que experimentam a Deus, a Jesus Cristo e a sua graça de forma mais radical e profunda. Vivem tal experiência seja sozinhos (os anacoretas) seja comunitariamente. Esses formam a porção de Igreja chamada dos religiosos. É uma vocação especial porque sinaliza de forma mais penetrante os valores divinos. Sobre esses temas nos queremos distender mais longamente.

9.5 O sacerdócio: vocação e missão de todos os leigos por modos diferentes

Dizer que o cristão explícito deve ser, na imitação de Jesus, um homem de universal reconciliação é já situar-se no coração da essência e do sentido do sacerdócio[14].

Estamos por demais habituados a pensar o sacerdócio como uma qualidade de um determinado grupo social, os

---

14. A bibliografia sobre o tema forma sozinha uma biblioteca. Queremos relevar duas coletâneas de estudos que são da mais alta qualidade e atualidade: *Teologia del Sacerdocio I-IV*. Faculdad de Teologia del Norte de España, Burgos (Instituto Juan de Avila), Ediciones Aldecoa, S.A. (Diego de Siloe 18, Burgos-Espanha) 1972; *Der priesterliche Dienst I-VI* (Quaestiones Disputatae, 46-48), Freiburg i.b., 1970s. Veja-se particularmente a riquíssima bibliografia recolhida por Juan Esquerda Bifet, no final de cada volume de *Teologia del Sacerdocio*.

102

"sacerdotes", que têm por missão o serviço do culto e da palavra sagrada, enquanto os "leigos" têm sua missão na profanidade do mundo. Esquecemo-nos, porém, que a partir de Jesus Cristo o sacerdócio não é mais específico de um grupo, mas uma dimensão de todo o homem cristão. Existe uma tarefa sacerdotal a ser realizada por todos: a reconciliação, a mediação e a união dos homens entre si e com Deus. Jesus não foi, sociologicamente, nenhum sacerdote. Foi um leigo. E entretanto o Novo Testamento o denomina de sacerdote porque Ele exerceu uma função reconciliadora entre os homens redimindo-os e elevando-os à mais alta unidade entre si e com Deus. Por causa deste seu gesto, pôde ser chamado, com razão, de sacerdote. Mais. De supremo e definitivo sacerdote. Neste nível de reflexão o sacerdote não pode ser definido em contraposição com o leigo, porque o leigo também é sacerdote. Talvez nada melhor caracterize o leigo do que exatamente o sacerdócio. É por isso que, em vez de refletirmos sobre a missão e as tarefas dos leigos, abordaremos o sacerdócio como tema fundamental e horizonte mais vasto dentro do qual se compreende a vocação do leigo. *Leigo* vem de laós-laikós que, em grego, significa povo e membro do povo. Enquanto membro do povo de Deus, também o papa, os bispos e os ministros presbiterais são leigos. Todos participam do sacerdócio reconciliador de Cristo e realizam-no dentro da humanidade e da Igreja de modos diferentes.

Se dizemos que o sacerdócio consiste, fundamentalmente, numa função reconciliadora, então percebemos, de imediato, sua profunda inserção dentro dos anseios do mistério do homem. Com efeito, o sacerdócio possui um embasamento antropológico, que num tempo de crise de identidade e de sentido do sacerdócio convém relevar[15]. O sacerdócio não é algo inventado pelos homens ou caído do céu, mas emerge das raízes mais profundas da vida humana, elevando-se para Deus.

9.5.1 A estrutura antropológica de promessa e esperança no sacerdócio

O sacerdote é mediador entre duas realidades que estão separadas ou que se fizeram estranhas uma à outra, mas que devem e podem estar unidas. Toda religião possui como estrutura a dimensão do *fascinosum*, que fascina, atrai e clama para a unidade. Ao mesmo tempo faz-se sentir a estrutura do *tremendum* que afasta, faz fugir, nos julga e nos convence de nosso pecado. A experiência religiosa testemunha o totalmente Outro (*tremendum*) e o totalmente próximo (*fascinosum*), a graça e o juízo. Ela dá conta da existência e do império do pecado, da violência e da divisão e ao mesmo tempo faz ouvir a voz que convida para a verdade, para o bem e para a comunhão. Essa mesma dualidade está presente no profano e no sacro.

Para Durkheim (1848-1917) "não existe na história do pensamento humano outro exemplo de categorias de coisas tão profundamente diferenciadas, tão radicalmente opostas uma da outra quanto estas duas categorias, sagrado e profano"[16]. A passagem de uma para outra implica, pensava ele, numa verdadeira metamorfose. Hoje essa dualidade, como oposição, não é mais aceita, por demasiado simplista. Mas vale a verificação de uma dualidade e de uma diferença. Os estudos de G. van der Leeuw[17] e espe-

---

15. Cf. KASPER, W. "Die Funktion des Priesters, in der Kirche". *Glaube und Geschichte*, Mainz: [s.e.], 1970, p. 371-387, esp. p. 373-374. • GUERRA, M. "La repraesentatio de la divinidad, esencia del sacerdocio ctônico-mistérico". *Teología del sacerdocio* 2, p. 285-309.

16. *Les formes elémentaires de la vie religieuse*. Paris: [s.e.], 1937, p. 53.

17. *Phänomenologie der Religion*, 2. ed. Tübingen: [s.e.], 1956.

cialmente de Mircea Eliade[18] vieram matizar as intuições de Durkheim. O que constitui o sagrado é a experiência religiosa feita em contato com lugares, tempos e situações de tal forma que esses objetos ou lugares ganham uma função sagrada. "Ao manifestar o sagrado, qualquer objeto se converte em outra coisa, sem deixar de ser ele mesmo, pois continua participando do meio cósmico circunstante. Uma pedra consagrada continua pedra. Aparentemente nada a distingue das demais pedras. Para quem aquela pedra se revela sagrada, sua realidade imediata se transmuda numa realidade sobrenatural. Em outros termos: para aquele que é tomado de uma experiência religiosa, a natureza em sua totalidade é suscetível de revelar-se como sacralidade cósmica. O cosmo em sua totalidade pode converter-se numa hierofania"[19].

Quem vive uma experiência religiosa cristã supera a dualidade entre o sagrado e o profano e tanto mais quanto mais profunda for essa experiência. Por isso o místico vive a reconciliação do mundo: tudo, bem e mal, vida e morte, é religado ao seu Princípio transcendente.

Todo homem, no fundo, tenta em sua vida superar a realidade sentida e vivida como alienante e cindida em si mesma. Todos buscam, consciente ou inconscientemente, a reconciliação de seu coração e do mundo circunstante.

O sacerdote é aquela pessoa que tematiza esta profunda preocupação humana. Ele se propõe a diaconia da concórdia. Faz da paz, da unidade e da reconciliação de todas as coisas com sua origem e com o seu sentido radical o projeto fundamental de sua vida. Por um lado, o sacerdote faz,

---

18. *Das Hellige und das Profane*. Hamburgo: [s.e.], 1957. • *Traité d'Histoire des Religions*. Paris: [s.e.], 1964.
19. *Das Hellige und das Profane*, 18.

mais do que outros talvez, a experiência da estranheza do mundo cindido e alienado, dividido e pecador; por outro, ele vive mais radicalmente a urgência da reconciliação e a necessidade da paz e da santidade. É nesse sentido que dizemos que o sacerdote é essencialmente mediador. Ele assume a tarefa que é de todos, de unifi-car, apaziguar e reconciliar. Ele se consagra a essa missão. Consagrar-se significa, *primeiro*, reservar-se para essa tarefa santa de reconciliação, dedicar toda sua vida e tentar viver a partir dela; por isso se retira do mundo dividido, não porém para fugir dele e criar o seu mundo reconciliado, mas para assumir uma missão especial para esse mundo. Por isso, num *segundo* sentido consagrar-se significa, além de reserva, missão no mundo e para o mundo. É para isso que se reserva. A situação do sacerdote apresenta-se, portanto, dialética: por um lado, situa-se contra o mundo, enquanto quer superar a divisão e o esquecimento de Deus no qual se encontra toda a realidade; por outro, é a favor do mundo enquanto está a serviço do mundo, constitui-se como diaconia do mundo, assumindo o mundo para saná-lo. Sua posição é pois de sim e de não.

É aqui que começa a angústia da missão e da existência sacerdotal, testemunhada ontem pela história das religiões e hoje pela vivência do sacerdócio neotestamentário[20].

9.5.1.1 Fuga do mundo: privilégios e ritualismo

Propor-se reconciliar o mundo implica, como vimos, uma reserva do mundo. Isso é expresso pela consagração e ordenação, pelos ritos, pela doutrina, pelo modo de ser e se

---

20. Cf. CAPRIOLI, V. "Caratteristiche della 'separazione' del sacerdote secondo Il Magistero". *Teologia del sacerdocio* 4, p. 391-432. • IRABURU, J.M. "La tendência a encarnarse: similación y distinción". *Fundamentos teológicos de la figura del sacerdote.* Burgos (Ediciones Aldecoa), 1972, p. 165-200.

apresentar no mundo com hábito próprio, por uma ascética e ética específicas. Esses símbolos que reservam devem servir à missão de reconciliação do mundo. Por isso são meramente funcionais. Mas aqui pode surgir o perigo: eles se substantivam; a reserva se basta a si mesma. Então surge a casta ou a classe sacerdotal. Acumulam-se privilégios usufruídos para o próprio proveito e não mais para o serviço reconciliador. Ao invés de superar as divisões, acrescenta-se uma a mais às existentes. A urgência da paz e da unidade se torna mais urgente ainda. O sacerdote não vive mais sua missão e vocação. Agrava o *mundus irreconciliatus*. Não é mais sinal sim-bólico, mas dia-bólico.

9.5.1.2 Sacralização do mundo: compromisso e diluição

Outro des-vio possível do sacerdócio é não manter o segundo polo dialético: a missão no mundo degenera em sacralização das divisões e conflitos já existentes. Adapta-se sem crítica, esquecendo-se de sua reserva; encarna-se sem a forma redentora que purifica e acrisola o que assume. Perde sua dimensão de retirada e de crítica e se dilui na política da mão estendida. O sacerdócio se desvirtua em justificativa ideológica das divisões existentes. Então surge uma Igreja e um sacerdócio do Estado, uma teologia que se mancomuna com as ideologias e forças vigentes. Um sacerdócio alienado, bem como um sacerdócio comprometido ingenuamente constituem a mesma deturpação de sua essência e sentido.

9.5.1.3 O sacerdócio humano: uma promessa aberta à realização futura

Pode o sacerdote realizar o que se propõe? Quem sai do mundo para voltar ao mundo para saná-lo de seus conflitos é rejeitado pelo mundo. Isso porque o sacerdote participa também do mundo e de suas divisões. A divisão, a irreconciliação, o joio e o trigo se encontram no coração mesmo do sacerdote. Nele o bem pode ser melhor. Mas o mal também pior. Ele oscila entre a fuga e o compromisso. A manutenção da dialética reserva-missão foi realizada antes em pessoas sacerdotais carismáticas do que pela instituição sacerdotal. A meta da reconciliação ficou mais desejo que realização, mais promessa que fato, mais esperança que plenitude. É o que nos mostra a história das religiões do mundo.

É neste contexto de reflexão que se situa e se entende a significação do sacerdócio de Cristo. Ele não está isolado nem é solitário. É solidário e comunga com a estrutura sacerdotal, ancorada profundamente num dado antropológico-religioso de busca de unidade, paz, harmonia e reconciliação do céu com a terra, do homem alienado com seu desejo de realização, da criatura pecadora com seu Deus.

9.5.2 O serviço sacerdotal-reconciliador do leigo Jesus de Nazaré

Jesus Cristo assumiu a promessa da história e a realizou de forma definitiva. Ele concluiu a reconciliação e a mediação universal. Trouxe a unidade do homem consigo mesmo, com os outros e com Deus. Unificou o mundo, derrubando as barreiras que se instauraram entre os homens (Ef 2,14)[21]. Criou o homem novo (Ef 2,15; 2Cor 5,17). Ele reconciliou tudo, o que há nos céus e o que há na terra (Cl 1,20). Ele é a *reconciliatio mundi*, como diz simplesmente São Paulo (cf. Rm 11,15; 2Cor 5,18).

À raiz disso o Novo Testamento o denomina, a Ele que era leigo, o único mediador (1Tm 2,5), sacerdote (Hb 5,6; 7,17.21), grande sacerdote (Hb 10,21) e até de sumo sa-

---

21. Cf. GNILKA, J. *Christus unser Friede – ein Erlöserlied in Eph 2, 14-17. Die Zeit Jesu* (Festschrift an H. Schiler). Freiburg i.B., 1970, p. 190-207.

cerdote (Hb 2,17; 3,1; 4,14-15; 5,5.10; 1Clem 36,1; Inácio de Ant. Fl 9,1-2)[22]. Ele conseguiu realizar plenamente aquilo que a instituição sacerdotal e cada sacerdote se propunha fazer: a reconciliação do *mundus divisus*. Logrou-o de forma tão cabal e plena que ela não necessita mais de ser repetida. Atingiu a meta, uma vez por todas (*ephápax*) e de forma escatológica (Hb 9,26s.; 1Pd 3,18).

Jesus portanto não nega o sacerdócio antigo. Assume-o e lhe dá a forma definitiva. Tudo o que de bom e perfeito, de latência e tendência havia no sacerdócio da humanidade, foi por Ele assumido e levado a sua meta derradeira. Por isso, o sacerdócio com Jesus chegou ao seu fim, num duplo sentido: no sentido de chegar ao esgotamento das possibilidades que o sacerdócio oferecia e no sentido de superar todos os sacerdócios e torná-los assim caducos. Isso no fundo tem como consequência: depois de Cristo, o sacerdócio que permanecer, caso não for exercido em representação de Cristo, e ainda funcionar será anacrônico. Esta é a fé do Novo Testamento, especialmente da Epístola aos Hebreus e também a fé da Igreja de Cristo até hoje.

9.5.2.1 O revolucionariamente novo no sacerdócio de Jesus Cristo

Jesus não era sociologicamente sacerdote, isto é, era leigo, porque – como explica o autor da Epístola aos Hebreus –

---

22. Cf. COLSON, J. *Ministre de Jésus-Christ ou le sacerdoce de l'Evangile*. Paris (Beauchesne), 1966. • ALONSO, J.M. "Razón óntica de la Mediación pacificadora de Cristo". *Revista de Teologia* 4 (1953), p. 549-556. • LÉCUYER, J. "L'oeuvre sacerdotale du Christ". *Vie Spirituelle* 112 (1965), p. 424-437. • LANGEVIN, P.E. "Le sacerdoce du Christ dans le Nouveau Testament". *Le Prêtre hier, aujourd'hui, demain* (Congrés d'Ottawa 1969). [s.l.]: Du Cerf, 1970, p. 63-79. • LÓPEZ, L. "Cristo, sacerdote para siempre". *Studium* 11 (1971), p. 115-119. • VANHOYE, A. "De Sacerdotio Christi in Hebr." *Verbum Domini* 47 (1969), p. 22-30. • DECLOUX, S. "La présence et l'action du Médiateur". *Nouvelle Revue Théologique* 91 (1968), p. 849-873. • MOE, O. "Das Priestertum Christi im NT ausserhalb des Hebräerbriefes". *Theologische Literaturzeitung* 72 (1947), p. 335-338.

"pertencia a outra tribo, da qual nenhum se consagrou ao altar, pois é notório que Nosso Senhor nasceu de Judá, a cuja tribo Moisés nada disse no tocante ao sacerdócio" (Hb 7,13-14). Por que então foi denominado sacerdote? Porque exerceu uma função, viveu uma vida que era reconciliadora com Deus (2Cor 5,19) e com todas as coisas (Cl 1,20; cf. Ef 1,10), isto é, viveu e realizou aquilo que o sacerdote se propõe a realizar.

O especificamente novo de seu serviço reconciliador-sacerdotal reside em sua universalidade. Ele não o exerceu unicamente no âmbito do culto; antes pelo contrário: associa-se à crítica profética e proclama: "Misericórdia quero e não sacrifícios" (Os 12,7; Mt 9,13). Sua diaconia sacerdotal é universal e cobre toda a vida e não apenas um segmento dela. Atinge a todos e não apenas uma classe; prefere aqueles que, segundo os cânones da época, eram considerados pecadores públicos, marginalizados social e religiosamente. Sua atitude fundamental está bem expressa em São João: "Se alguém vem a mim, eu não o mandarei embora" (Jo 6,37). Sua proximidade com os marginalizados não nasceu do humanitarismo ou de algum motivo reivindicador de ordem social ou cultual. Com sua atitude, Ele mostra, concretamente, quem é Deus a quem Ele anuncia. Seu Deus é o Deus do filho pródigo, da ovelha tresmalhada, da dracma perdida, Deus que não tem acepção de pessoas (cf. Mt 5,45), mas para quem não existem, num primeiro momento, bons e maus, mas filhos seus queridos. A todos ama e oferece a salvação. Jesus mostra e concretiza como Deus é, vivendo à imitação de Deus, o amor universal e indiscriminado a bons e maus, a justos e injustos.

Sua vida foi uma vida-para-os-outros. A chave de sua pregação ética é o amor. Amor significa, para Jesus, não a simpatia universal, ao nível do sentimento mutuamente devolvido. Mas amor, como já consideramos, significa a capacidade de transformar as relações humanas de dominação de amigo-inimigo em relações fraternas. A reconciliação, o amor, o perdão, a total abertura para todos e para tudo, são os temas fundamentais de sua doutrina.

Seu conflito com a lei e com as tradições religiosas de seu povo provém de suas exigências de misericórdia, amor e perdão. Sua nova doutrina (Mc 1,27) se constituiu em sinal de contradição. Sua pessoa que unia, exigia conversão na linha do amor e não da lei, provocou uma crise religiosa em todos. Uns diziam: realmente este é um profeta. E outros: este é o Messias. Outros replicavam: porventura pode vir algo de bom da Galileia? (cf. Jo 7,40-43: produziu-se pois uma crise no povo). Estoutros diziam que era demoníaco e que fazia as obras em nome de belzebu (Jo 10,19-21); ainda outros consideravam-no o Filho de Deus Altíssimo.

Quem quiser reconciliar um mundo irreconciliado, se opõe às estruturas de divisão do mundo. Quer salvar o mundo e é rejeitado pelo mundo. A cristologia positiva fala de sua reconciliação e do novo mundo que introduziu. A cristologia negativa dá conta da reação do velho mundo: comilão, beberrão, amigo de pessoas suspeitas e de pecadores (Mt 11,19), herege e endemoninhado (Jo 8,48), impostor (Mt 27,63) e subversivo político (Lc 23,2). O ódio pertence normalmente a quem tenta o ministério de amor e de reconciliação. Por isso, com profundo senso de realismo, podia o Senhor admoestar seus discípulos: "Se o mundo vos odeia, sabei que me odiou primeiro a mim que a vós. Se fôsseis do mundo, o mundo amaria o que é seu;

mas porque não sois do mundo, senão que eu vos retirei do mundo, em troca disto, o mundo vos odeia" (Jo 15,19).

Esta frase do Jesus joaneu revela toda a dialética da missão sacerdotal: significa retirada do mundo (dividido e de pecado) para sanar e unificar o mundo. O sacerdote não é do mundo (das estruturas viciadas do mundo), mas deve viver seu ser-novo e a reconciliação, no mundo dividido. É ser ovelha entre lobos. É ser elemento de contradição e de crítica permanente. Mas sua existência não é para dividir, senão para evocar à união e à reconciliação: não com o pecado, com as estruturas injustas da história, mas com o ser-novo de Deus.

Se é constante no sacerdote a condição de crise que pode degenerar em perseguição, também é inerente ao sacerdote a tentação de ocultar-se, de escapar-se ou de comprometer-se e apaziguar-se com o mundo.

Essa tentação foi também a tentação do Sumo Sacerdote Jesus. Sua tentação foi a tentação do poder, com o messianismo zelota, com o apaziguar-se com a situação legal. A tentação do Getsêmani revela o tatear de Jesus: fugir da morte, que implicaria um apaziguar-se com seus contraentes, ou ser fiel a Deus, na sua missão de libertação e reconciliação, e então assumir a morte.

Aqueles que aceitaram sua mensagem perceberam quem Ele era: a história do amor no mundo. Aos pastores desprezados são revelados aos mistérios inefáveis da graça no mundo; seus discípulos, por amor a Ele, abandonam tudo, casas e irmãos, pais, mulher, e filhos (Mt 19,29); os pobres se pisoteiam ao seu derredor. Zaqueu recebe com presteza e alegria sua visita na casa e se harmoniza com seus clientes (Lc 19,1-10). A pecadora lhe oferece perfumes e lágrimas (Mc 14,3-9). Na cruz perdoa a todos e, impressionado, um dos ladrões se converte crendo. Erguido na cruz iria atrair tudo a si (Jo 12,32). A cruz não significa apenas um fato histórico. Ela possui um significado representativo de toda a vida de Cristo como ser-para-os-outros. Nela Ele exerceu sua máxima reconciliação. Aceitou a cruz como drama e sacrifício da própria vida e de sua própria missão de unificar. Historicamente ela significa um fracasso. Na fé e na interpretação que Jesus lhe dá (Mc 10,45), ela é a máxima liberdade como total renúncia de poder, de vontade de vencer e de exigência de eficiência. A cruz não se situa no santo dos santos do templo, portanto no espaço cultual. Ela está lá fora, na profanidade do mundo. Ele morreu fora da cidade e fora do convívio humano (Hb 13,13). Seu sacrifício não é mais o velho sacrifício cultual, mas no coração do mundo e da vida[23], alienada e irreconciliada, como significava morrer fora da cidade e fora da referência com o sacro. Cristo morrendo na maldição quis reconciliar até o maldito e o mais profundamente profano. Nada escapa a sua reconciliação.

9.5.2.2 O sacerdócio-reconciliação de Cristo e os demais sacerdotes

Com isso Ele derrubou todos os muros, os muros entre judeus e pagãos (Ef 2,14); nele tudo é um (Gl 3,28) e Deus é tudo em todas as coisas (1Cr 15,28; Cl 3,11). Ele é a paz (Ef 2,14). Aqui se realizou a utopia de universal reconciliação e libertação das divisões. Essa reconciliação foi de tal modo universal que ela não precisa mais ser repetida. Por isso, após Jesus Cristo não têm mais sentido sacerdotes, a título pessoal. Eles não podem acrescentar nada

---

23. KASPER, W. *Die Funktion des Priesters in der Kirche*. [s.l.]: [s.e.], p. 375, nota 2.

à reconciliação de Cristo. Se continuarem a existir como continuam, sua função será de representar, tornar sensível e sacramental a reconciliação de Jesus. Daí é que a teologia da Epístola aos Hebreus diz com razão: "Jesus é sacerdote *in aeternum*" (Hb 6,20).

Ele vive como ressuscitado agora, no meio de nós e no meio do mundo, e continua a interceder a Deus, a mediar por nós, a reconciliar os homens e a ser fermento de unidade salvífica. Os sacerdotes cristãos emprestam seu corpo, suas palavras, seus gestos para torná-lo presente e visível. Ele está sempre presente, embora fique invisível.

É pela Igreja-Sacramento Universal que Ele se torna palpável aos olhos fenomenológicos. Daí se entende a frase de Santo Agostinho, assumida pelos concílios, antigos e novos: quando se batiza, é Cristo quem batiza; quando se consagra é Cristo quem consagra; quando se prega é Cristo quem prega. Os ministros são realmente ministros, servos e instrumentos do Ressuscitado, através dos quais Ele continua se fazendo presente e estendendo no mundo sua reconciliação universal.

9.5.2.3 O sacerdócio-reconciliação de Cristo é mais do que cultual

Das exposições se deduz claramente que a diaconia universal de Cristo pouco ou quase nada tem a ver com o culto. Não foi somente sua morte reconciliadora. Toda sua vida, como ser-para-os-outros, foi mediadora dos conflitos humanos, dos homens entre si, dos homens com Deus e do homem consigo mesmo. Seu sacerdócio não foi nem profano nem sacral. Ele foi total, cobrindo toda a vida. Sua vida foi mediadora. Encarnação já é pensada em termos de reconciliação e mediação. Nele Deus e homem chegavam a uma unidade sem divisão, sem separação e sem confusão. Homem e Deus chegavam numa indizível unidade. Em si mesmo Ele reconciliou o mundo, enquanto unificou o mundo com Deus. Pelo Homem-Jesus se ia a Deus-Jesus; do Jesus-Deus se ia ao Jesus-Homem. Ele era o sacramento do encontro, da criação com o Criador.

Seria portanto reduzir a realidade e a missão sacerdotal, se quiséssemos restringi-la à realidade cultual. O culto é uma das dimensões no processo de reconciliação. Pode ser até sua máxima expressão. Mas não absorve totalmente a riqueza da realidade sacerdotal que é a própria vida enquanto vivida na reconciliação total.

A Epístola aos Hebreus sintetiza de forma surpreendente a teologia do sacerdócio universal de Cristo quando o alarga às dimensões de toda a vida e não o deixa restringir à sua expressão cultual:

> Eis por que, entrando no mundo, Cristo diz: Não quiseste sacrifício nem oblação, mas me formaste um corpo. Holocaustos e sacrifícios pelo pecado não te agradam. Então eu disse: Eis que venho, porque é de mim que está escrito no Livro: Eu venho para fazer, ó Deus, a tua vontade. Disse primeiro: Tu não quiseste, tu não recebeste com agrado sacrifícios, nem as ofertas, nem os holocaustos, nem as vítimas pelo pecado (estas são imolações legais); em seguida ajuntou: Eis que venho fazer a tua vontade. Assim Ele aboliu o antigo regime (a antiga economia) para estabelecer uma nova economia. Foi em virtude dessa vontade de Deus que temos sido santificados uma vez para sempre pela oblação do corpo de Jesus Cristo (Hb 10,5-10).

Aqui transluz meridianamente: toda a vida de Cristo foi sacerdotal, porque toda ela foi libertadora, reconciliadora das divisões que estigmatizam a existência humana. Ele não pertence nem ao sacro nem ao profano como segmentos separados. Nele tudo chegou à sua identidade e unidade (cf. Cl 1,20; Ef 1,10).

O Novo Testamento descreve também a diaconia mediadora de Cristo em termos sacrificiais e cultuais, sem evidentemente querer insinuar aí uma privatização da perspectiva. Assim se diz que "Cristo, nossa Páscoa, foi imolado" (1Cor 5,7). Fala-se no sangue de Cristo (Mt 14,24; Rm 5,9; Ef 1,7). O Batista apresenta Cristo como "Cordeiro de Deus que tira o pecado do mundo" (Jo 1,19; 36; 19,36). O Apocalipse explora a temática sacrificial, dizendo: "Tu foste imolado e resgataste para Deus pelo teu sangue homens de toda a tribo, língua, povo e nação; tu fizeste deles para o nosso Deus um Reino de Sacerdotes que reinam sobre a terra" (5,9-10). Pedro assevera que fomos "resgatados pelo precioso sangue de Cristo, o Cordeiro imaculado e sem defeito algum" (1Pd 1,18). São João o apresenta como vítima de propiciação pelo mundo inteiro (1Jo 2,2,). "Jesus se imolou por nossos pecados" (Gl 1,4; 2,20; Ef 5,25; 1Tm 2,6; Tt 2,14). Paulo exorta a comunidade na terminologia sacrificial: "Progredi na caridade, como Cristo nos amou e se entregou por nós, em oblação e sacrifício a Deus em suave odor" (Ef 5,2)[24].

Se a Epístola aos Hebreus e outros textos usam a temática sacrificial para qualificar um dos aspectos da reconciliação de Jesus, evitam contudo de empregar as palavras técnicas que lhes estavam à disposição, para exprimir o sacerdócio, derivado do sacerdócio de Cristo. O Novo Testa-

---

24. Cf. PÁRAMO, S. "Jesucristo, victima por nuestros pecados según los Evangelios". *El sacerdocio de Cristo y los diversos grados de su participación en la Iglesia* (XXVI Semana española de Teologia). Madri, 1969, p. 19-40.

mento propositadamente evita *sempre* empregar os títulos aos chefes e coordenadores da comunidade como *hiereus, sacerdos, pontifex.* Da mesma forma se evitam os títulos do grego profano para exprimir a autoridade institucional como *exousia, arché, timé, télos.* A diaconia reconciliadora é chamada em termos profanos de puro serviço como *diakonia, oikonomia* e *epíscopos.* O sacerdócio cristão só se entende no seguimento de Cristo como serviço e ministério. O sacrifício é constituído não por oferendas, mas pela vida no mundo, no seu dia a dia (Rm 12,1; 1Cor 6,20). A vida de santidade e de amor, que se expressa na vida quotidiana, constitui o oferecimento a Deus (Hb 13,15).

9.5.3 O sacerdócio universal de todos os cristãos

Cristão é aquele que se decidiu por Cristo; aquele que orienta sua vida segundo o modelo de vida que emergiu da atuação de Jesus Cristo. Sua vida foi de reconciliação, de superação das divisões e de total amor. Isso constituía seu ser-sacerdotal. Como se depreende, o ser-sacerdotal deve ser entendido num sentido dinâmico e não estático. Não é, primeiramente, um estado, mas uma atitude e um comportamento. O cristão que vive a realidade reconciliadora é, à semelhança de Cristo, e em participação de Cristo, também sacerdote[25]. Ser sacerdote não é exclusivo de um grupo de pessoas, mas uma característica de todo aquele que, pela fé e pelo sacramento, aderir a Cristo.

---

25. Cf. AUDET, P. "Priester und Laie in der christlichen Gemeinde. Der Weg der gegenseitigen Entifremdung". *Der priesterliche Dienst* I, p. 116-175. • CUGNASSE, C. "Laïc et prêtre". *Vocation* 252 (1970), p. 518-526. • OTRANTO, G. "Nonne et laici sacerdotes sumus?". *Vetera Christianorum* 8 (1971), p. 27-47. • BECK, J. "Sakrale Existenz. Das Gemeinsame Priestertum des Gottesvolkes als kultische und ausserkultische Wirklichkeit". *Münchener Theologische Zeitschrift* 10 (1969), p. 17-34. • RAMOS, F. "El sacerdocio de los creyentes (1 Pet 2,4-10). *Teologia del sacerdocio* 2, p. 11-48.

O Novo Testamento aplica a palavra sacerdote (*hiereus*) somente a Cristo e à Igreja em geral (1Pd 2,5-9; Ap 1,6; 5,10; 20,6). Nenhum outro escrito neotestamentário aplica esse termo aos apóstolos ou a outros hierarcas e ministros. Tampouco os Padres Apostólicos e os Apologetas do II século, nem quando falam das celebrações eucarísticas, onde seria a ocasião de aludir aos sacerdotes. Segundo São Justino "os presidentes" (*proestós*, Apol. 1,65), segundo a Didaqué os "profetas" e os "episcopoi" (Didaqué 13-15) e conforme Tertuliano os "probati seniores" (Apol. 39,5) presidem às celebrações eucarísticas. Com isso não se afirma que nas primeiras décadas do cristianismo nascente não havia ainda o sacerdócio ministerial. Apenas se constata que não era assim denominado. O acento, ao se usar a palavra sacerdote, caía sobre Cristo e a Igreja toda. Isso significa: todo o povo de Deus e de Cristo sentia-se chamado a ser germe de unidade, de paz, de reconciliação e de confraternização dentro do mundo, isto é, a exercer a função sacerdotal.

O Vaticano II, à deriva desta primitivíssima tradição, podia com acerto ensinar: "A Igreja é em Cristo como que o sacramento ou o sinal e instrumento da íntima união com Deus e da unidade de todo o gênero humano" (LG 1/1). O documento do Sínodo dos Bispos sobre o Sacerdócio ministerial (1972) diz explicitamente: "A Igreja foi instituída para isso: ser o sacramento daquela salvação que chegou até nós em Cristo, da parte de Deus. Na mesma Igreja, Cristo continua presente ao mundo como Salvador e opera nela de tal maneira que o amor oferecido por Deus aos homens e as respostas destes a tal amor aí têm o seu ponto de encontro" (n. 26).

Cada fiel, pelo fato de ser fiel, participa do sacerdócio de Cristo, diretamente, sem qualquer outra mediação. Participa a título próprio (LG 10/28). Não é pois pela mediação do sacerdócio ministerial que o fiel se torna partícipe do sacerdócio de Cristo.

Segundo o mesmo Concílio Vaticano II, o fiel participa de toda a riqueza de Jesus Cristo, de servir, de anunciar e de santificar (LG 10-12; 33; AA 2/1335). Isso concretamente significa que todo fiel é responsável pela missão da Igreja, pelo anúncio através da palavra e do exemplo, pela santificação do mundo e pelo culto, pelo governo e harmonia entre os cristãos.

Numa primeira instância, existe uma igualdade fundamental na Igreja: todos constituem o povo santo de Deus e todos participam, pela fé, pelo batismo e pela vida, da graça do sacerdócio-reconciliação de Jesus Cristo. Todos são leigos (papas, bispos, sacerdotes, religiosos, fiéis), enquanto todos são membros do único povo de Deus. Todos são crentes, que se reúnem por causa de uma mesma res-posta dada a uma mesma pro-posta de Deus através de Jesus Cristo, de sua mensagem e pessoa. Todos são filhos do mesmo Pai. Todos são irmãos entre si. O poder está em Cristo. Todos participam dele e Ele foi dado à Igreja-povo-de-Deus.

A diferença, portanto, entre hierarquia e laicato não é primária, na Igreja. Ela é secundária e só pode se constituir a partir da igualdade fundamental do único povo de Deus, a serviço do povo e não sobre ele. Por conseguinte, as várias funções ministeriais eclesiásticas, do papa até o ministro da eucaristia, só se entendem dentro da comunidade do povo de Deus e em seu favor. Não são instâncias independentes e instituídas fora do povo de Deus e sobre ele. Mas são articulações serviçais do poder dado por Cristo a toda a Igreja. O mandamento de Cristo de ligar e desligar (Mt 18,18) se dirige, fundamentalmente, primeiro à Igreja toda, em seguida é atribuído a São Pedro (Mt 16,18) como representante de toda a Igreja. Já Santo Agostinho asseverava: "Não é só Pedro que desliga, mas toda a Igreja liga e desliga os pecados. Também nós temos as chaves. Também vós ligais e desligais [...]" (Comm. in Jo Ev. 124,5). A infalibilidade de que goza o papa é a infalibilidade que está na Igreja toda, nem mais nem menos (cf. LG 12/32).

É a partir desta compreensão que se entende cada vez melhor a função teológica dos leigos. Como membros do povo de Deus (é o que significa exatamente leigo) são portadores da missão e da responsabilidade por toda a comunidade. Por isso devem participar da vida da Igreja, não como uma concessão, mas como um direito de ordem divina; devem ajudar a carregar as responsabilidades de governo, de ensino e de santificação no nível da organização paroquial, diocesana e universal. Não só o episcopado com o papa estão organizados colegialmente, mas todo o povo de Deus está organizado dentro de uma estrutura colegial, onde os iguais desempenham funções diferentes, conforme o carisma de serviço com o qual foi galardoado.

Se na Igreja não vigorar participação, reconciliação, harmonia, paz; se nela não existir respeito à dignidade de cada fiel; se nela não existir tolerância e compreensão pela diversidade e diferença entre os membros, então seu apelo de reconciliação entre os homens, de paz entre as nações e de unidade entre os pluralismos legítimos se torna uma inócua fraseologia eclesiástica e um contrassinal pelos quais os homens blasfemam a Deus e têm motivos a mais para não ver a credibilidade do cristianismo.

Hoje, com a civilização técnica e pela descentralização das atividades humanas, fruto das várias especializações científicas, desmembrou-se também a função sacerdotal. Tudo para o cristão pode assumir uma função sacerdotal-reconciliadora: consigo mesmo, reconciliando-se com sua consciência e com o Deus de seu coração; com os familiares com os quais partilha a vida íntima e o fardo da existência; com os colegas de sua profissão e com todos os homens com os quais entra, num mundo aberto, continuamente em contato. Por isso as profissões que nos inserem no mundo do trabalho e da sociedade podem ser exercidas dentro de uma perspectiva sacerdotal. O enfermeiro quando cuida do doente, o médico quando clinica o paciente, o psicoterapeuta quando analisa o cliente, o assistente social quando ajuda ao desamparado, o professor quando ensina o aluno, o advogado quando orienta o consulente, todos esses e todos podem fazer de sua profissão mais do que um ganha-pão. Podem transformá-la num meio de aproximar mais os homens consigo mesmos e com Deus, de superar divisões e cisuras desnecessárias e, por vezes, fazer suportar as inevitáveis e reconciliar dimensões da vida humana carregadas de conflitos. Tudo isso significa exercer, como leigos, sua vocação sacerdotal, no sentido vasto e profundo como foi vivida e exemplarizada por Jesus Cristo. Não consiste nisso, como diz São Paulo, "oferecer vossas vidas como hóstia viva, santa e agradável a Deus? não é este o vosso culto espiritual, isto é, segundo a novidade trazida por Cristo?" (cf. Rm 12,1)[26].

---

26. O sentido profundo desta passagem de São Paulo foi especialmente estudado por SEIDENSTICKER, Ph. *Lebendiges Opfer* (Rm 21,1). Münster, 1954. O A., após larga exegese, assim parafraseia o sentido do texto, onde se mostra o caráter global do sacerdócio dos cristãos, como dimensão que cobre toda a vida: "Parafraseando, pode-se exprimir da seguinte maneira o sentido de Rm 12,1: "Vossa vida cristã, que a partir do batismo é penetrada pela força e virtude do Espírito Santo (de Cristo), é uma vida consagrada a Deus. Vós não viveis mais para vós. Por isso deveis entregar-vos ao Senhor na obediência e no amor. Esta entrega a Deus é no Espírito Santo um sacrifício vivo, santo

9.6 O sacerdócio ministerial: serviço de unidade e reconciliação dentro da comunidade dos fiéis

Refletimos até aqui acerca do serviço de reconciliação que deve ser realizado por toda a Igreja e por todos os cristãos individualmente. Essa diaconia os faz sacerdotes. Exercendo esta missão, prolongam no tempo e visibilizam a função sacerdotal-unificadora de Cristo mesmo.

Que função cabe aos presbíteros, isto é, àquele grupo de homens que são ordenados no sacramento da ordem? Qual é a sua especificidade que os distingue dos demais sacerdotes-do-povo-de-Deus? Sua especificidade não pode, evidentemente, ser considerada fora da Igreja, povo-sacerdotal-de-Deus, mas como uma articulação própria do sacerdócio de toda a Igreja.

Na determinação do específico do sacerdócio ministerial apresentam-se várias interpretações[27]. Exporemos al-

---

e agradável a Deus, porque vossa vida tem sua origem da morte sacrifical de Cristo na qual participais pelo batismo. Por conseguinte, vossa vida é um verdadeiro culto, agradável a Deus. O significado da expressão 'culto espiritual' se realiza na vossa própria vida e essa é a única maneira válida e correta de se realizar" (p. 261).

27. Cf.-a bibliografia elencada no capítulo precedente nos números 1 e 12. Acrescente-se ainda: *Le Ministère Sacerdotale*. Rapport de la Commission Internationale de Théologie. Paris: Cerf, 1971. Este documento, embora se mostre muito aberto na constatação dos fatos e das situações de crise, apresenta, na parte doutrinária, não poucas insuficiências de ordem exegética e sistemática. Identifica com muita facilidade a atual estrutura hierárquica e sua correspondente compreensão com sua origem neotestamentária. Afirma-se aí que o presbiterato, desde o seu início até hoje, foi transmitido pela imposição das mãos. Esta é transformada na única garantia da sucessão apostólica e por isso também sustenta o poder de ensinar, de celebrar e de governar na Igreja. Estas afirmações são do ponto de vista histórico e exegético extremamente discutíveis. • BIFET, J. Es. "Estado actual de la reflexión teológica sobre el sacerdócio". *Teologia del sacerdócio*. Burgos: Ediciones Aldecoa, 1969, p. 155-226. • FRIES, H. "Das Problem des Amtes in der Sicht der katholischen Theologie". *Kerygma und Dogma* 18 (1972), p. 118-138, onde resume as principais posições de teólogos católicos. Bom resumo crítico (e negativo) faz também COPPENS, J. "Le caractère sacerdotal des ministères selon les chrétien, ses origines et son développement". *Nouvelle Revue Théologique* 92 (1970), p. 337-364 com imensa bibliografia. • KLOPPENBURG, B. *O ser do padre*. Petrópolis: Vozes, 1972.

gumas e assumiremos uma que se inscreve, logicamente, dentro das linhas de nossas exposições feitas acerca do sacerdócio universal de todos os fiéis.

9.6.1 O sacerdócio ministerial como uma realidade ontológica própria?

A teologia clássica, especialmente como foi elaborada a partir do Concílio de Trento, não sem tônica polêmica contra as teses de Lutero acerca do sacerdócio comum dos fiéis[28], afirma, como o formulou muito bem Frei Boaventura Kloppenburg em seu livro *O ser do padre* (que assume e comenta a doutrina do Documento do Sínodo dos Bispos, em 1972, sobre o sacerdócio ministerial): "O ministro do Novo Testamento é especialmente chamado e habilitado por Deus de tal maneira que possa agir publicamente em favor dos homens na pessoa de Cristo"[29].

O conteúdo desta afirmação vale primeiro a Cristo, o Sumo Sacerdote que realizou o ministério em favor dos homens de forma definitiva e escatológica. A essa sua diaconia ele associou, segundo esta interpretação, os apóstolos

---

28. Cf. o minucioso estudo de HUERGA, A. "El sacerdocio de los fieles, Cambio de perspectivas teológicas desde el Concílio de Trento al Vaticano II". *El sacerdocio de Cristo*. Madri, 1969, p. 167-195. O Concílio de Trento, como se pode ver nas Atas acerca do tema sacerdócio ministerial e sacerdócio comum dos fiéis, não quis determinar nada de novo. Os theologi minores não conseguiram elaborar uma doutrina madura acerca do relacionamento de ambos os temas. Por isso resolveram reafirmar a doutrina tradicional católica da existência e validade do sacerdócio visível e externo (D 960-963) e da indelebilidade do caráter (p. 174). "Los padres del Concilio no quierem aludir en el 'De sacramento Ordinis' al 'sacerdocio de los fieles" limitándose a reafirmar la doctina católica y verdadera de la institución divina del "sacerdocio jerárquico", y, simultaneamente, condenaron las hipótesis que la contradecian. Ni más ni menos. Lo seguro, lo oportuno, lo dogmático era lo que pasó al Decreto. Los teólogos, pese a sus esfuerzos, no les ofrecieron a los Padres unas estructuras teológicas suficientemente elaboradas sobre 'el sacerdócio de los fieles'. El problema, pues, quedó marginado. Que no es igual que 'negado'. Inmaduro seria mejor decir" (p. 177).
29. p. 72.

que foram escolhidos, chamados, enviados, autorizados e capacitados por Deus. Por isso possuem "um *poder* (exousía) ou uma autoridade ou uma competência especial em virtude da qual o Apóstolo age publicamente como ministro de Cristo e se apresenta como seu embaixador, para falar e agir em seu nome"[30]. Os apóstolos, instituídos por Cristo, instituíram, por sua vez, auxiliares deles os bispos, presbíteros e diáconos. Também estes são chamados, enviados e recebem o poder ministerial.

Pela imposição das mãos e pelo rito sacramental próprio recebem um poder especial. Isso torna seu sacerdócio essencialmente e não apenas gradualmente diverso daquele dos simples fiéis (non gradu tantum sed essentia diversus, LG 10b/28; Sínodo n. 31). A sagração sacerdotal lhes confere uma nova e verdadeira realidade ontológica (in consecratione datur ontologica participatio sacrorum munerum, como se diz na nota prévia à LG 10b/28).

Esse poder configura o sacerdote ao Cristo-sacerdote, de tal sorte que ele participa do poder sacerdotal de Cristo (ita ut in persona Christi publice pro hominibus agere valeat; *Presbyterorum Ordinis*, n. 2). Esse poder sacramental chamou-se também na tradição de caráter indelével. "É isso que o transforma em sacerdote ministerial da Nova Aliança e o distingue dos leigos. Aí está a sua natureza ou essência. Aqui está o ser do padre"[31].

Esse caráter indelével, sendo uma realidade ontológica, atingindo o ser da pessoa sagrada, "não pode ser extinguido nem removido" como ensina o Concílio de Trento

---

30. Ibid.
31. p. 73. Cf. tb. MONSEGÚ, B. "El carácter sacramental como base de la constitución y diferenciación del sacerdocio cristiano a la luz de la Lumen Gentium". *El sacerdocio de Cristo*, p. 137-148.

(Dz 960). E continua: "por isso o Santo Concílio condena a sentença daqueles que afirmam que os sacerdotes do Novo Testamento têm somente um poder temporário e que, depois de devidamente ordenados, podem converter-se novamente em leigos, quando não exercem o ministério da Palavra de Deus" (p. 137-138).

Assim, em virtude de um estatuto ontológico, os sacerdotes "são consagrados a Deus de modo novo pela recepção da Ordem, e são transformados em instrumentos vivos de Cristo Eterno Sacerdote" (PO 12a/1181).

Permitimo-nos algumas observações críticas em face dessa interpretação, porque, embora seja consagrada teologicamente, não está isenta de dificuldades, exatamente, nos dias de hoje, onde se pergunta pela identidade do ser sacerdotal e de sua função específica dentro da Igreja.

Essa interpretação situa o sacerdote no âmbito do sacro e cultual. Para isso ele é consagrado. Sua função específica é santificar, consagrar e presidir o culto. O sacerdócio é assim restringido à esfera cultual. *Presbyterorum Ordinis* diz claramente: "Deus, Santo e Santificador único, quis assumir homens como sócios e auxiliares seus, para servirem humildemente à obra de santificação. Por isso é que os presbíteros são consagrados por Deus, pelo ministério dos bispos, feitos de modo especial participantes do Sacerdócio de Cristo, para, nas celebrações sagradas, agirem como ministros dele" (PO 5a/1150). O específico é pois sua função cultual.

As demais funções, como a pregação da Palavra, o serviço comunitário, o trabalho de reconciliação e união no contexto geral da vida, pertence à sua integração, mas não à sua essência.

9.6.1.1 Notamos uma defasagem notável entre aquilo que o Novo Testamento entende por sacerdócio e o que aqui se entende por sacerdócio. Há evidentemente no sacerdócio do Novo Testamento também o aspecto cultual, como foi enunciado acima. Mas o horizonte fundamental a partir do qual se situa, entende e define a função sacerdotal, não é o culto. O culto entra como uma concreção de uma função mais ampla. A função e a diaconia exercida por Cristo, vem em toda sua vida, foi a da libertação, reconciliação e amor. Ele ofereceu sempre, ao longo de sua vida, sua existência a Deus. Nisso Ele foi sacerdote e mediador universal. Isso Ele o exerceu no trabalho, no contato com as massas, na vivência com os apóstolos, na pregação do amor e do perdão e também na morte de cruz onde assumiu a si todo o ódio do mundo e o reconciliou com sua entrega filial a Deus.

9.6.1.2 Um dos elementos de reconciliação e por isso de caráter sacerdotal mais relevantes da atuação de Jesus foi exatamente a superação de todas as discriminações de ordem social, cultural e religiosa. Essas existem, por força da vida e da organização social. Mas são por Ele des-teologizadas. O homem agora é filho e irmão. Uma igualdade fundamental de todos, amigos e inimigos, pecadores e piedosos, judeus e bárbaros, é anunciada por Cristo. Todos são filhos do mesmo Pai que não tem acepção de pessoas. Se todos são filhos, todos são irmãos. Não há mais gregos nem judeus, nem homem, nem mulher. Todos são um homem novo em Cristo.

Isso funda uma igualdade fundamental na Igreja. Se houver qualquer outra determinação, esta será dentro do povo de Deus, e a seu serviço. O serviço não cria privilégios e direitos sobre os outros, de sorte a instaurar uma hierarquia de ordem ontológica. A hierarquia é de serviços. Há jerarquia nos carismas, mas todos vêm do mesmo e único Espírito e não da vontade de poder do homem. Estabelecendo-se uma diferença essencial entre os leigos e os presbíteros, introduz-se um elemento de tensão com a intenção central do Evangelho. Cristo quis superar as divisões. Essas não devem ser reintroduzidas, sub-repticiamente. Qualquer teologia, mesmo firmada em fixações oficiais, deve se deixar confrontar com o Novo Testamento e ser por ele criticada. A Igreja não está *sobre*, mas *sob* o Evangelho e a Palavra de Deus.

À base desta diferença ontológica criou-se no direito canônico o estatuto de privilégios dos clérigos contra os leigos. Isso pode ser compreendido sociologicamente. Mas não se justifica evangelicamente (cf. os cânones 118-123: De iuribus et privilegiis clericorum).

9.6.1.3 Essa compreensão sacramental do sacerdote não explica sua vida concreta. A função cultual é uma dentre tantas funções. O contexto de sua vida de serviço comunitário, de consolo, assistência e reconciliação entre os homens, escapa ao modelo de compreensão proposto. Este é por demais regionalizado. O serviço presbiteral emerge da própria essência do sacerdote e não apenas de uma espiritualidade para ele desenvolvida que também, de *per si*, poderia faltar.

9.6.1.4 Essa compreensão sacramental como um poder recebido e uma habilidade conferida para *poder* consagrar pode introduzir e, de fato, introduz um elemento que põe em perigo a reta compreensão do sacerdócio, definitivo e escatológico, de Jesus Cristo. Depois de Cristo não há mais lugar para nenhum sacerdócio *a título próprio*. Este fica aquém do sacerdócio de Jesus. O sacerdócio cristão é apenas um sacerdócio representativo do de Cristo. Não é derivado dele, como um sacerdócio paralelo ou consequente. É apenas visibilização do permanente serviço mediador que o Ressuscitado continua ainda agora exercendo em favor dos homens. Só Ele é mediador. Só Ele consagra. Só Ele batiza. Os ministros são, realmente, ministros, órgãos que emprestam ao Cristo presente, mas invisível, visibilidade e sacramentalidade. Daí, o poder do presbítero não ser, rigorosamente falando, um poder de consagrar. Mas apenas um poder de representar a Cristo. Não é em virtude do sacramento da ordem que *pode* consagrar. Mas em virtude da função representadora que o sacramento da ordem entroniza, é que ele pode proferir as palavras, emprestar seu corpo, sua voz, sua inteligência a fim de que o Senhor esteja presente no mundo e na sua Igreja.

Com isso não questionamos de forma nenhuma o sacerdócio nem o sacramento da ordem. Questionamos apenas uma *interpretação* do sacerdócio ministerial. A interpretação clássica é correta no que afirma, mas é limitada no seu alcance, por se centralizar demasiadamente no culto. O culto representa uma função importantíssima no sacerdote; é, na verdade, o ponto culminante de toda a ação mediadora e reconciliadora, porque no culto Deus é explicitamente denominado e venerado; a diaconia de união e paz dos homens e Deus e dos homens entre si é diretamente tematizada, e Jesus Cristo é presencializado na forma mais eminente no sacramento da Santíssima Eucaristia. Contudo, sua função não pode ser privatizada somente para esta esfera, nem sua essência e sentido podem ser compreendidos apenas a partir deste horizonte.

9.6.2 *O sacerdócio ministerial como função da Igreja Sacramento*

Em face desta compreensão do sacerdote diz, por exemplo, o grande teólogo Karl Rahner que não se pode determinar a função presbiteral a partir dos poderes sacramentais "como se o sacerdote, cheio de poderes celestes, fosse colocado diante de um povo impuro"[32]. O ponto de partida deve ser eclesiológico e comunitário; em razão da comunidade é que existe o ministro presbiteral. A Igreja surge fundamentalmente como o sacramento universal da salvação; ela atualiza historicamente para todos as promessas escatológicas de Deus em Cristo. Atualizar a vitória de Cristo em todas as dimensões da vida e em todas as formas (na doutrina, no direito, na sociedade, nos sacramentos etc.) é tarefa de toda a Igreja.

Sendo porém também uma sociedade organizada, a Igreja pode institucionalizar e jerarquizar suas funções através do sacramento. Nisso reside o sentido da ordenação sacerdotal: ela não confere propriamente algo de exclusivo, somente atingível pelo sacramento e sem a qual esse algo seria impossível na Igreja. À semelhança dos outros sacramentos, também a ordenação sacerdotal se relaciona com a função sacerdotal própria de toda a Igreja, torna-a agora visível, pública e oficial.

A ordenação significa, segundo Rahner, habilitação oficial para o serviço da Palavra em todas as suas dimensões. Ela confere uma graça especial para que essa Palavra possa ser proferida e testemunhada de forma que corresponda ao seu mistério. A ordenação tematiza e expressa mais claramente aquilo para o qual *todos* são chamados (também os

---

32. RAHNER, K. *O novo sacerdócio*. São Paulo: Herder, 1968.

leigos), isto é, a anunciar e a viver o mistério de Cristo. A presidência na celebração eucarística forma a maneira mais excelente de serviço à Palavra. Por isso cabe, principalmente aos ordenados, celebrá-la na comunidade.

Dado que o sacerdote presbiteral expressa mais profundamente, pela ordenação, a realidade sacerdotal de toda a comunidade eclesial e por isso cabe a ele exercer a melhor expressão do sacerdócio que é a celebração eucarística, pergunta-se: Esse seu serviço é exclusivo dele? Em outras palavras: Se numa comunidade há falta prolongada e não culposa do ministro sacerdotal, poderia ela, num caso extremo e de situação-limite, celebrar a sagrada eucaristia? O Pe. Yves Congar, certamente o mais famoso eclesiólogo católico deste século, responde:[33] pelo desejo (votum) essa comunidade já tem acesso à graça eucarística (res sacramenti). Contudo ela pode mais: a comunidade realiza de alguma forma e concretamente a Igreja, sacramento universal, onde Cristo está presente realizando sua função sacerdotal. A comunidade (através de um delegado dela e não por usurpação de alguém) poderia realizar também *res et sacramentum*, isto é, os sinais sacramentais. Ela celebraria a Eucaristia, Cristo far-se-ia pelos sinais sacramentais e na pessoa do ministro *ad hoc*, presente e atuante. É verdade que o sacramento eclesial não é completo, porque o seria só com a presença dos ministros ordenados, mas haveria a presencialização sacramental do Sumo Sacerdote Jesus Cristo. A Igreja-sacramento-universal tornaria válido, por

---

33. CONGAR, Y. "Quelques problèmes touchant les ministers". *Nouvelle Reveu Théologique* 93 (1971), p. 785-800, esp. p. 793. • TAVARD, G.H. "The Function of the Minister in the Eucharistic Celebration". *Journal of Ecumenical Studies* 4 (1967), p. 629-649. • Id. "Does the Protestant Ministry have Sacramental Significance?" *Continuum* 6 (1968), p. 260-269.

via da "economia" (supplet Ecclesia)[34], o rito eucarístico celebrado pela comunidade de fé, privada longamente e de forma irremediável do ministro presbiteral.

9.6.3 O sacerdócio ministerial como serviço de unidade e reconciliação dentro e em favor da comunidade dos fiéis

As ponderações acima articuladas insinuaram um caminho certo: o sacerdócio ministerial só se entende dentro da comunidade e em serviço dela. Não é uma entidade substantivada que se aparta da comunidade. O sacerdote assume mais profundamente aquilo que é de toda a comunidade: a diaconia de reconciliação e união. Esta perspectiva foi especialmente estudada por Walter Kasper[35] e assumida pelo Sínodo dos Bispos Alemães[36]. Nós também a esposamos por oferecer uma dimensão teológica mais esclarecedora.

Se o presbítero está dentro da comunidade e a seu serviço, como nos devemos representar essa comunidade eclesial?[37] A comunidade eclesial é a reunião dos fiéis, agregados por causa da mesma fé em Jesus Cristo Ressuscitado e Salvador do mundo. Pela fé e pelo Sacramento todos

---

34. CONGAR, Y. "Propos en vue d'une théologie de l'Economie dans la tradition latine". *Irénikon*, 1972, p. 155-207.
35. Esta perspectiva é vigorosamente pensada até o fim por KÜNG, H. *Wozu Priester?* (Eine Hilfe). Einsiedeln: Benziger, 1971. • RATZINGER, J. "Zur Frage nach dem Sinn des priesterlichen Dienstes". *Geist und leben* 41 (1968), p. 347-376. • "Die Kirche und ihre Änter". *Das neue Volk Gottes*. Düsseldorf: Entwürfe zur Ekklesiologie, 1969, p. 75-245. O texto famoso e teologicamente muito bem fundado dos bispos alemães sobre o sacerdócio tem em Ratzinger seu principal elaborador: *Schreiben der deutschen Bischöfe über das priesterliche Amt*. Eine biblisch-dogmatische Handreichung, 1969.
36. "Die Kirche und ihre Ämter". *Glaube und Geschichte*. Mainz: [s.e.], 1970, p. 355-370. • Id. "Die Funktion des Priesters in der Kirche". *Glaube und Geschichte*, p. 371-387.
37. "Schwerpunkte des priesterlichen Dienstes". *Herderkorrespondenz* 26 (1972), p. 86-91. Cf. uma linha semelhante do Sínodo dos Bispos franceses: "Le ministère du prêtre. Communiqué du Conseil permanent de l'Episcopat français". *Documentation Catholique* 55 (1972), p. 32-35.

participam de Cristo. Por isso vigora entre eles um laço de profunda fraternidade. Existe uma igualdade fundamental de todos. Não são iguais entre si, mas *em Cristo,* de tal forma que as diferenças de nação, de inteligência e de sexo se tornam irrelevantes (Gl 3,28). Todos são enviados a viver e a testemunhar no mundo a salvação emergida em Jesus Cristo ressuscitado. O sacerdócio universal de todos os fiéis quer exprimir exatamente esta missão comum a todos.

Se todos são fundamentalmente iguais, não significa que todos façam todas as coisas. Há na Igreja uma diversidade muito grande de funções, encargos e serviços (cf. Rm 12; 1Cor 12). São Paulo chama a isso de carisma. Carisma não se situa no âmbito do extraordinário e miraculoso, mas do quotidiano eclesial[38]. Na Igreja está sempre presente o Ressuscitado e seu Espírito. A manifestação do Ressuscitado e do Espírito se faz na vida da comunidade através dos múltiplos serviços: isso é concretamente o carisma. Por isso, todo cristão é um carismático, no sentido de que, dentro do corpo da Igreja, cada um tem seu lugar e sua função: "cada um tem de Deus o seu próprio carisma, um de um modo, outro de outro" (1Cor 7,7); "a cada um é dada a manifestação do Espírito para utilidade comum" (1Cor 12,7). São Pedro o confirma do mesmo modo: "cada um, segundo o carisma que recebeu, comunique-o aos outros como bons administradores da multiforme graça de Deus" (1Pd 4,10). No corpo de Cristo não há nenhum membro ocioso: "cada membro está a serviço um do outro" (Rm 12,5).

---

38. Cf. HASENHÜTTL, G. *Charisma, Ordnungsprinzip der Kirche.* Freiburg i.B.: Herder, 1969. • KÜNG, H. "A estrutura carismática da Igreja". *Concilium*, abril 1965, p. 31-46. • Id. *A Igreja* I. Lisboa: Morais, 1969, p. 214-292. • BOFF, L. "A Igreja, sacramento do Espírito Santo". *Grande Sinal* 26 (1972), p. 323-337.

Existem também carismas de ordem extraordinária que despertam a consciência da comunidade e que são, não raro, incômodos. Mas em si o carisma é um acontecimento ordinário e habitual. São Paulo, após enumerar carismas específicos, assevera que devemos buscar o caminho mais excelente que é a caridade (1Cor 12,31). No célebre hino ao amor, enumera os carismas mais divinos e humanos. Mas se não vêm acolitados pelo amor, para nada valem. E o amor se inscreve na quotidianidade da existência: "é paciente, benéfico, não é invejoso, temerário, soberbo, ambicioso..." (1Cor 13,4-8). Os carismas fundam um princípio estrutural na Igreja. Eles não são algo que pode ocorrer, mas que também pode faltar. Antes pelo contrário: são constitutivos da Igreja, de tal maneira que Igreja sem carismas (funções) não existe. A própria jerarquia é um estado carismático dentro da Igreja. Não anterior à Igreja nem sobre ela, mas dentro dela e a seu favor. "A estrutura fundamental carismática da Igreja", escrevia um grande especialista no assunto[39], "significa que cada fiel possui o seu lugar na comunidade, no qual foi constituído por seu carisma; significa ainda que ele nesse lugar coconstitui a Igreja. Se perder seu lugar ou se lhe for atirado, então a comunidade é afetada não apenas por um prejuízo moral senão que é atacada em sua essência mesma e até é pervertida".

Se cada qual tem seu carisma, então devemos afirmar também que existe uma simultaneidade de carismas dos mais

---

39. HASENHÜTTL, G. *Charisma*, 235. • KÜNG, H. *A estrutura carismática da Igreja*, 44, define o carisma assim: "é o chamamento que Deus dirige a cada um para um determinado serviço na comunidade, tornando-o simultaneamente apto para esse mesmo serviço"; Hasenhüttl o define: como "o chamamento concreto recebido através do evento salvífico, exercido na comunidade constituindo-a permanentemente e construindo-a e servindo os homens no amor" (238).

diversos. Que seria da Igreja se não houvesse os consoladores, os animadores, os geradores de esperança e jovialidade? Seria uma Igreja com muita ordem e disciplina, mas triste e um contrassinal do Evangelho. E que seria de uma Igreja de múltiplos carismas, se não houvesse ordem e unidade entre eles, para que todos construam o mesmo corpo no mesmo corpo?

Todo carisma é para a construção da comunidade. Quem fala em línguas só é carismático, se seu falar for compreensível aos outros. Caso contrário é autopromoção (cf. 1Cor 14,2). "Prefiro dizer na Igreja dez palavras com sentido para instruir os outros a dizer dez mil em línguas" (1Cor 14,19). A norma suprema, pois, está em que "ninguém procure o próprio proveito, mas sim o dos outros (1Cor 10,24).

9.6.3.1 O carisma de unidade entre os carismas

Compreendendo-se a Igreja como um corpo vivo com muitas funções (carismas) coloca-se, de imediato, o problema da unidade entre as funções. Na verdade, o Espírito do qual todos os carismas procedem não é um Espírito de desordem, mas de ordem e harmonia. Paulo fala do carisma de direção, assistência e governo (1Cor 12,28), do carisma dos que presidem a comunidade e cuidam de sua unidade (1Ts 5,12; Rm 12,8; 1Tm 5,17). O Novo Testamento refere a instituição dos *presbíteros*, forma de governo de origem judaica, na qual os mais velhos da comunidade eram escolhidos e governavam colegialmente. Fala-se também dos *Episkopoi* e *Diakonoi* (Fl 1,1), termos tomados da organização civil e profana do mundo grego. O *bispo* para os gregos tinha a função de vigiar (bispo se chamava a um chefe de polícia, de construção, de uma seção administrativa). O diácono, de forma semelhante, equivalia a um servente de mesa, a um assistente de um chefe, a um acólito no culto.

O carisma da unidade deve estar a serviço de todos os carismas. É um serviço entre outros serviços, mas com uma orientação toda especial de ser o elemento-ponte entre as várias funções dentro da comunidade.

Nisso reside a essência e o sentido do sacerdote ministerial: de coordenar os carismas, ordená-los para um projeto comunitário, saber descobrir carismas existentes e não reconhecidos, promover uns, animar outros, chamar atenção e exortar alguns, que talvez estejam pondo em perigo a unidade da comunidade. Como diz muito bem Walter Kasper, *"sua função não é a acumulação, mas a integração dos carismas"*[40].

Como transparece, esta compreensão carismática da Igreja e do sacerdote ministerial não exclui, mas inclui a jerarquia na Igreja. Esta é um carisma permanente, um verdadeiro estado carismático, porque responde a uma necessidade permanente da Igreja: a unidade entre todos.

9.6.3.2 O presbítero, princípio de unidade na Igreja local

A unidade específica que o sacerdote deve criar é a unidade da fé. Dizendo unidade da fé, não significa que deva tornar homogêneas as expressões da fé, em doutrinas homogêneas, numa linguagem homogênea. Unidade da fé significa poder levar o irmão para o espaço da fé que é sempre fé em Deus e em Jesus Cristo vivo e presente. Fé significa comunhão com Deus, poder ver e realizar na vida o fato de que tudo se religa a Deus, mesmo as situações mais

---

40. *Die Funktion des Priesters*, 380.

profanas e insignificantes. Crer é dizer: aceitando a Cristo como meu Libertador, sei que formo com Ele uma comunidade. Ele que está em Deus agora está comigo também. Ele que é Homem-Deus está presente no meu ato de fé. A fé produz esse laço e faz com que sejamos membros de Cristo e formemos com Ele um corpo. Ora, a unidade que o presbítero deve propiciar é principalmente essa unidade de fé. Quem vive essa comunhão com Deus irá expandi-la aos outros. A linha vertical se dobra para a horizontal. Isto quer dizer: quem se sente em Cristo e em sua comunhão, percebe que Ele está em todos os homens e em todas as coisas (cf. Cl 3,11). Comungando com Ele, estamos todos comungando com tudo, nos distendemos numa solidariedade universal.

O presbítero é aquele que vive dessa unidade e se propõe, no Espírito e na fé, criar essa unidade e comunhão com a comunidade local. Como se vê, a reconciliação, a mediação e a unidade que o presbítero busca no âmbito geral da vida, no convívio, na sociedade, nas situações conflitantes, no culto etc., nasce desta visão e grandeza teológica.

Daí se entende que a unidade não é apenas algo que se possa deduzir e criar a partir da comunidade sozinha. Ela é um carisma, isto é, uma graça de Deus. Seu serviço na criação, animação, sustentação e crescimento desta unidade e reconciliação dentro do vasto horizonte da vida é exercida em nome de Jesus, em nome daquele que a realizou de forma definitiva e cabal (2Cor 5,20). Por um lado o presbítero está no meio do povo de Deus; está a seu serviço; é tirado dos homens para servir aos homens. É responsável perante o povo de Deus. Mas, por outro, é responsável também diante de Jesus Cristo, Sumo Sacerdote. Como presbítero, está no meio do povo, para servir ao povo, mas nas coisas que são de Deus, isto é, nas coisas da fé que unem e fundam a comunidade com Deus e com os homens entre si.

Desta compreensão segue que a essência e o sentido do presbiterato não reside, numa primeira linha principal e fundamental, no seu poder sacramental, cúltico e consecratório. Mas na graça de ser princípio de unidade e reconciliação, de ponte, de união entre os irmãos na comunidade local de fé.

9.6.3 A compreensão serviçal é também ontológica

O poder consagrar não é nenhuma profissão e vocação. Seria compreender magicamente o poder consecratório se ele não fosse inserido dentro de uma função humana mais profunda. O consagrar em si não tem sentido se não for entendido como um tornar presente a realidade divina como princípio de vida, de comunhão e libertação para os homens. O consagrar ganha sentido dentro da *unidade* a ser vivida e exercida na com-*unidade*.

Contudo, essa compreensão serviçal-funcional[41] não deve ser malcompreendida como funcionalista pura e simplesmente. Seria superficial querer contrapô-la a uma compreensão ontológica.

Falar em serviço e em função é já situar-se dentro de uma ontologia. Isto significa: o ato, o exercício, o trabalho, a diaconia, a tarefa, a função exercida, marca a pessoa que é portadora da função, em seu estatuto ontológico. Ativa a capacidade ontológica dela. O ato revela quem é a pessoa e num *feedback* marca a própria pessoa. Isso vale de modo especial para a diaconia presbiteral que se entende a partir da fé e quer levar à fé.

---

41. Cf. ROUSSEAU, L. "Por une définition fonctionnelle du prêtre". *Le prêtre hier, aujourd'hui, demain*. Paris: Cerf, 1970, p. 375-380.

A fé batismal, pela qual nos inserimos na função sacerdotal, ganha no sacerdote uma densidade mais profunda. Cada cristão deve ser fonte de unidade e reconciliação, ponte para os outros homens, dentro do contexto da vida em que vive. O sacerdote é aquele cristão que exercita esse seu serviço no âmbito comunitário e público. O lugar hermenêutico para entender seu serviço reconciliador é pois a comunidade de fé (que não é idêntica e a mesma coisa que a comunidade sociológica). Nessa comunidade, onde há muitas funções e tarefas a serem cumpridas a partir da fé, ele é o princípio de coordenação, unidade e animação.

Compreendida assim, a diaconia sacerdotal não é uma profissão como qualquer outra, nem um "bico" que se possa exercer temporariamente. Supõe a fé e está a serviço desta fé. Por isso está, de modo qualificado, ligado à graça de Deus. A fé é a raiz de sua vocação presbiteral. Esse forma o seu projeto de vida. Outras profissões podem existir também fora do horizonte da fé. Por isso se um presbítero trabalha, exerce uma profissão, vai às fábricas, devemo-nos perguntar por que ele faz isso. É apenas para ganhar seu pão? Então ele está no nível profissional e não está aí como sacerdote enquanto tal. Mas pode muito bem ser – e isso seria tarefa sacerdotal – que ele vai à fábrica para ganhar seu pão, mas não apenas isso; ele ganha seu pão como sacerdote; o trabalho que faz ganha um motivo mais profundo. Faz o que os outros fazem; mexe e manipula a mesma máquina. Contudo o faz de forma diferente. Porque, além de ganhar o pão, ele, como sacerdote, o ganha de maneira que apareça seu ser-reconciliador, fraterno, amigo, isto é, apareça seu ser-do-padre. Que ele vá à fábrica, pode ser

138

uma maneira como exerce seu ministério de unidade da comunidade em que se insere.

A graça da unidade, específico do presbiterato, é expressa de uma forma hoje muito malcompreendida: pelo assim chamado *caráter indelével* da ordenação sacerdotal. Para entendê-lo, precisamos compreender o seguinte: Como o expôs muito bem W. Kasper[42], a jerarquia e o ministério na comunidade se baseiam na fé. A esse ministério corresponde uma graça. O ministério é para a comunidade, no sentido de sua unidade. A unidade que o ministro é chamado a criar e a animar não é uma unidade por ele criada. É a unidade e a reconciliação de Cristo que ele prega, representa e realiza. Como ministro para a comunidade é enviado para a comunidade. Esse seu envio é sempre realizado de forma precária e pecadora; o sacerdote, tirado do povo, é homem na fragilidade da existência humana vulnerada e decaída. A dinâmica da fé cristã que deve criar e representar não pode ser realizada de forma plena pelo ministro. Vigora uma diferença insuperável entre o envio objetivo e sua realização subjetiva. É nesse envio objetivo: representar, animar, criar unidade e reconciliação de Cristo – que independe de sua realização subjetiva –, que pensamos quando falamos em caráter indelével. Não funda nenhum privilégio metafísico clerical, mas é expressão de um envio oficial, público, comunitário, que marca e caracteriza o presbítero. A ordenação é o rito de entronização na comunidade desse sacerdócio para a comunidade com a missão de representar a unidade de Cristo e criar a unidade nos carismas da comunidade.

---

42. *Die Funktion des Priesters*, p. 382-383.

O assim denominado caráter indelével, como já há muito na teologia foi visto, não é um sinal invisível na alma, mas a ordenação visível e eclesial da pessoa, enviada ao serviço comunitário.

A fé nos liga a Cristo e estabelece comunidade com o Ressuscitado. A fé se exprime no rito do batismo, pelo qual nos agregamos à comunidade. O gesto ritual de entrada passa, mas perdura nossa ligação. Essa perdurabilidade é o caráter. Essa perdurabilidade reveste toda a vida cristã, no culto, na vida segundo o Evangelho, no comportamento novo do homem, no seu lugar dentro da Igreja. Ser cristão é um modo-de-ser-homem. O caráter quer significar essa visibilidade cristã. Sua indelebilidade vem do seguinte fato: o chamado de Deus para a fé e para a comunidade perdura sempre e é indelével. Não pode ser destruído. Nem pelo fracasso humano. O homem pode trair sua fé, expressa no batismo; pode apostatar de seu serviço presbiteral na comunidade. Mas fica o chamado de Deus como abertura para o homem. Pode alguém, na fé, de sacerdote ministerial, regressar ao sacerdócio universal do povo de Deus. Contudo fica o valor de um dia ter sido entronizado ao serviço da comunidade e de ter sido aceito por Deus, para ser seu ministro e representante. Por isso, não há mais razão de nova entronização. O caráter deve, pois, ser visto a partir de Deus, como a graça visível de servir na comunidade, como princípio de unidade. Mesmo que deixe de exercer essa função, permanece em aberto a possibilidade de representar o Ressuscitado[43].

---

43. Cf. FLAMAND, J. "Réflexions pour une intelligence renouvelée du caractère sacerdotal". *Le prêtre hier, aujourd'hui, demain*, p. 380-389. • RUFFINI, E. "O caráter como visibilidade concreta do sacramento em relação à Igreja".

9.6.4 *Concretizações da unidade na função presbiteral*

O presbítero não deixa de ser um fiel. Por isso, em nível pessoal participa do sacerdócio de Cristo. Esta participação não é algo de estático, mas é uma tarefa e um modo de existir, que no vasto horizonte da vida tenta viver a dimensão de mediação, reconciliação, integração e unidade em todas as coisas. O presbítero pelo fato de ser presbítero, e por isso de desempenhar uma função dentro da comunidade como elo de união, não deve olvidar esse seu dever fundamental, como os demais fiéis. Antes pelo contrário: por um título a mais, deve sentir-se mais provocado pelo sacerdócio de Cristo e a vivenciá-lo concretamente. Daí é que o presbiterato, como realização mais profunda da dimensão do sacerdócio universal, em nível comunitário, supõe e exige a vivência deste. A vocação ao presbiterato se exprime exatamente por uma vivência mais intensa do sacerdócio universal, de forma a poder assumir um compromisso comunitário, pelo sacramento da ordem.

9.6.4.1 Unidade no serviço do amor

Uma função importante do presbítero é viver e representar o sacerdócio de Cristo, como Cristo mesmo o viveu: no contato com os homens, em confronto com as várias situações da vida, com os vários níveis sociais. Como Cristo que deixa todos virem a Ele e a ninguém discrimina e com isso mostrava uma confraternização nova entre os homens, deve também o presbítero ser aquela pessoa na comunidade à qual todos possam ter acesso. Ele não pertence a nenhuma família, mas à família de todo mundo. O serviço e a diaconia no amor devia ser uma das dimensões mais sacramentais (sinalizadoras) de sua vida. Não pode, por isso, ser

---

Concilium, janeiro 1968, p. 91-102. • BOFF, L. *Die Kirche als Sakrament im Horizont der Welterfahrung.* Paderborn: [s.e.], 1971, p. 75-80.

partidário, inserir-se demasiadamente numa determinada classe de pessoas, como se a ele fosse exclusivo, nem ser um elemento que sacralize e benza as divisões já existentes. Mas pela sua autoconsciência presbiteral deveria ser aquela pessoa em quem os homens sintam uma dimensão superior e reconciliadora entre os setores da vida que vivem em tensão e, não raro, em contraposição.

Daí é que sua atuação, embora social, societária e comunitária, não pode ser político-partidária. Ele está no mundo, mas não se entende a partir das divisões do mundo. Como sacerdote, propõe-se, em nome de Cristo, reconciliar e mediar dentro da realidade sentida e vivida sempre como cissura.

Isso coloca o presbítero numa permanente tentação e dialética, já referida no início destas reflexões: fuga do mundo-inserção no mundo. Ela não pode constituir pura e simplesmente um *status* social. Se ele, inevitavelmente, desempenha um papel (*rôle*) social, com atitudes típicas e até convencionadas, essas deveriam se originar, se manter e se alimentar sempre a partir da reconciliação evangélica e não de uma estruturação social ou tradicional, onde ao padre cabiam determinadas tarefas.

Todas as tarefas são as suas tarefas, enquanto todas são tocadas pela perspectiva religiosa e reconciliadora.

Na comunidade, o serviço do amor requer que a ele caiba a função de coordenar e dirigir (não significa ainda fazer) os trabalhos e as diversificadas funções da comunidade.

Hoje, com a especialização dos vários setores da vida, a ação do presbítero deve ser mais descentralizada. Outros podem fazer melhor e com mais competência. Contudo, a coordenação, a unidade no grupo é seu carisma específico e a sua competência.

9.6.4.2 Unidade no serviço de anunciar

A função diaconal do presbítero, como princípio de unidade e coordenação na comunidade, manifesta-se de forma profunda na unidade de profissão de fé. Uma das tarefas importantes na comunidade é o anúncio da fé, em forma de doutrinas teológicas, de catequese, de formação e animação de líderes mais informados acerca da mensagem da fé. A fé sempre vem articulada em doutrinas e em ritos. A função específica do presbítero não é ser teólogo. Na prática, ele devê-lo-á ser. Mas não constitui ainda o específico. Pode acontecer que na comunidade haja teólogos leigos ou teólogos-presbíteros-professores (sem maior engajamento na comunidade, mas numa cátedra) que possuam maior competência que ele. Podem anunciar de forma mais profunda e carismática. Elaboram o diálogo da fé, como referência de todas as coisas com o mistério de Deus e de Cristo. O próprio do presbítero, contudo, é criar comunidade e unidade. Ele deve zelar para que não haja divisões devido às doutrinas diferentes. Deve, às vezes, fazer valer a frase paulina: *facientes veritatem in caritate*. Por amor à caridade, à união, deve pedir ao teólogo que renuncie a uma formulação e a uma doutrina que viria perturbar os fiéis. A isso ele não chega por afirmação pura e simples a seu talante, mas no diálogo e consulta com representantes da comunidade. Hoje, no pluralismo teológico insuperável, isso pode ser fonte de tensão e disputa, mas não deve se eximir da tarefa da reconciliação. O diálogo franco e o respeito dos carismas dos outros (de ensinar, de catequizar, de teologizar), num esforço de coordenar todos a um projeto comunitário, é o caminho que se impõe a todos.

Em questões doutrinárias – já que não cabe especificamente ao presbítero a doutrina –, mas a *unidade* na doutrina, impõem-se a ele que consulte pessoas competentes, forme sua ideia, colha as soluções dos profissionais na doutrina e depois as proclame. A função de proclamá-las de forma autoritativa cabe a ele e não ao teólogo ou ao profissional. Cabe ao presbítero porque é ele o responsável principal pela unidade na comunidade, também nesse nível doutrinário. Como ele forma essa unidade doutrinária, isso é trabalho prévio, no diálogo com os profissionais. A partir disso pode proclamá-la de forma autoritativa. Pelo fato de ser presbítero e princípio de unidade doutrinária não dispensa a teologia e o estudo da doutrina. Esse carisma não é cumulativo e substitutivo, é apenas integrador dos demais carismas.

9.6.4.3 A unidade no serviço cultual

A forma, quiçá mais excelente, na qual se manifesta a unidade na comunidade, está na reta ordem e na unidade do rezar e do festejar a eucaristia do Senhor. É aqui que se tematiza de forma profunda a reconciliação trazida por Jesus Cristo. Especialmente na celebração da santa missa, onde se presencializa o Senhor mesmo, vivo e princípio formador do corpo da Igreja. É por isso também que a reconciliação penitencial na Igreja primitiva se fazia diante do altar e diante de toda a comunidade. O pecado não rompia somente o diálogo amigável do homem com Deus. Rompia-o também com a comunidade de fé. O altar é o lugar da reconciliação radical do homem com Deus e dos homens entre si. Por isso cabe ao presbítero presidir à celebração e consagrar e perdoar. Ele é o ministro ordinário, entronizado pela ordenação.

Os sacramentos visibilizam a função diaconal do Senhor, até que Ele venha. Eles têm um caráter substitutivo. O Senhor presente e atuante, mas invisível, ganha alguma visibilidade no rito sacramental.

O presbítero é responsável para que, na expressão mais sublime da reconciliação e unidade, tudo corra na harmonia (cf. 1Cor 11,17-34).

Compreendendo-se o sacerdote ministerial dentro deste vasto horizonte da unidade dos vários serviços comunitários, transparece assim também mais lidimamente a íntima relação que vigora entre a diaconia da Palavra, dos sacramentos e do governo. O carisma da unidade envolve os três dentro de uma visão superior e integradora.

Muitos sacerdotes não estão imediatamente relacionados com uma comunidade. Como devemos vê-los?[44]

Comunidade não é apenas comunidade local. Sempre que se trata da comunidade dos homens com Deus que se pode articular na pregação, no ensino, no testemunho, no amor fraterno e na celebração eucarística, pode-se falar em comunidade e em serviço a esta comunidade. O serviço sacerdotal é estruturado colegialmente[45], isto é, todos os ordenados participam, de um modo ou de outro, no serviço de unidade. Nada impede que haja especializações dentro de uma mesma diaconia. Se um sacerdote não está ligado a uma comunidade, se como religioso em seu convento não

---

44. Cf. *Schwerpunkte des priesterlichen Dienstes*, 90.
45. Cf. VILELA, A. *La condition collégiale des prêtres au IIIe siècle*. Paris: Beauchesne, 1971, esp. p. 387s.

está imediatamente num apostolado, se um presbítero sacerdote se dedica ao ensino ou à pesquisa, deverá sempre examinar-se se e como suas atividades são marcadas pela perspectiva de reconciliação e união entre os homens, se vive a dimensão de comunidade de fé pela qual se sente ligado a todos os homens.

Como transparece, a vocação e o carisma para a unidade não é algo que está no poder do homem ter ou não ter. Implica outros carismas, como a abertura humana e psicológica para o diálogo, para saber compreender e saber suportar, para criar uma atmosfera onde os homens possam se encontrar e se abrir.

9.6.5 Outras concretizações do serviço de unidade e reconciliação

A diaconia serviçal-comunitária da unidade dentro da comunidade dos fiéis pode se articular de diversas maneiras. Consideramos sua concretização em nível local, ao redor do presbítero ou do colégio dos presbíteros (coadjutores). Ela pode se diversificar ainda no conselho paroquial no grupo dos leigos, habilitados a anunciar a Palavra ou coordenar a Caridade. A Igreja local é Igreja no sentido pleno e profundo que esta palavra contém. Aí é professada a fé, é proclamada a Palavra, é celebrada a Eucaristia, vivida a Caridade e instaurada a Unidade de funções. O presbítero é seu *principium unitatis visibile*, responsável também pela comunhão com outras Igrejas locais.

O que é o presbítero na Igreja local representa o bispo para as várias Igrejas locais, isto é, para a Igreja regional. Comumente é formada pela Diocese onde se coordenam os problemas eclesiais e de sua unidade dentro de uma paisagem humana mais vasta ou de um território maior. O conselho presbiteral com seu bispo são os portadores da unidade na doutrina, no culto, na caridade e na encarnação concreta da fé com o mundo regional. Sem esta base eclesial e presbiteral não se entende teologicamente a função do bispo. Ele está a serviço desta unidade maior da Igreja. Assim como o presbítero é ele responsável pela comunhão entre as Igrejas regionais.

Num terceiro momento a diaconia de unidade na comunidade se articula na Igreja Universal, tendo o papa como seu *caput unitatis totius Ecclesiae*. O papado não deve ser entendido como uma superestrutura sobreposta à Igreja. Antes pelo contrário: é um serviço a toda a Igreja, concebida de baixo para cima. A fé, os sacramentos, a Palavra constituem a Igreja local ao redor do presbítero; esta é o suporte da Igreja regional-diocesana reunida ao redor do bispo; esta forma o suporte da Igreja Católica, culminando com o papa. Sem uma real comunhão com as bases eclesiais o papado perderia sua função de "confirmar os irmãos na fé" (Lc 22,32) e de ser princípio universal de unidade. Seria antes um poder sobre a Igreja do que a seu favor. Por isso é que o Concílio Vaticano I ensinou que o papa é infalível enquanto encarna a infalibilidade, em assuntos de fé e moral, que existe permanentemente na Igreja.

É nesse sentido globalizante que o Concílio Vaticano II apresenta toda a Igreja como sacramento de unidade dos homens com Deus e dos homens entre si (LG 1). Em todos esses três níveis, da Igreja local, regional e universal, se realiza a Igreja Católica em sua plenitude.

Como transpareceu desta concepção, o sacerdócio ministerial ganha sua profunda justificação e compreensão quando for entendido dentro da comunidade sacerdotal dos fiéis e a serviço dela. Ele é, na verdade, o sacramento do encontro: por um lado representa a comunidade diante de Deus e é princípio de unidade entre os vários serviços eclesiais; por outro lado ele representa Deus e a unidade de Jesus Cristo para a comunidade. Não é só representante do Povo de Deus, pois isso o faria um mero funcionário; nem é só representante de Deus, pois que então perderia sua vinculação essencial com a comunidade. Ele é ambas as coisas juntas e simultaneamente.

Disso resulta a profunda tensão em que vive o carisma sacerdotal. Em todos os casos, a função mediadora entre os homens e entre o Mistério Absoluto e Encarnado é certamente uma das mais exigentes e por isso não menos buscada pelos homens. Todos têm saudade pela Origem e pela Fonte de tudo. Todos buscam, consciente ou inconscientemente, um caminho para lá e anseiam pelos sacramentos que visibilizam e exibem, na fragilidade da história, as dimensões da Identidade do Mistério divino.

Realizar a vocação sacerdotal-ministerial à luz da reconciliação de Cristo, em virtude da força que dele emana, é dom de Deus e não poder do homem, é início e germe de um *mundus reconciliatus* que já agora se anuncia dentro da caducidade deste mundo.

9.7 O sacramento do matrimônio: símbolo do amor de Deus para com os homens no mundo presente

Em sua dimensão profunda o matrimônio não é uma realidade que diz respeito somente ao homem e à mulher. Ela é tão profunda e transcendente que envolve o próprio mistério de Deus. Pertence sim às realidades terrestres e ao modo peregrino e passageiro de existir atualmente a criação. Mas já aqui, dentro do processo evolutivo para Deus, o matrimônio simboliza e realiza o amor que Deus tem para com os homens, no ato mesmo do amor humano e da intimidade de duas pessoas casadas. Como veremos logo a seguir, a dignidade máxima do sacramento do matrimônio reside exatamente em ser a visibilização e a concretização do amor de Deus para com os homens no mundo presente. Por isso, nessa dimensão teológica, ele se situa no âmbito da vocação humana. O casamento diz mais respeito à relação para com o outro, na horizontalidade da existência: é o encontro de amor de duas pessoas e de duas histórias. O matrimônio como sacramento se refere mais à dimensão vertical que surge dentro do próprio casamento e que faz com que homem e mulher olhem juntos para a mesma direção, Deus, e nele se possam encontrar e ser mais unidos ainda. É por causa desta dimensão que resolvemos refletir sobre o matrimônio nesta parte, onde nos concentramos em esboçar o aspecto de *vocação* da vida humana e não na parte onde abordávamos as relações homem-outro-homem na linha de fraternidade e mútuo serviço.

9.7.1 *A doutrina clássica e tradicional sobre o matrimônio*

Existe uma doutrina teológica bastante bem-definida sobre a natureza sacramental do matrimônio[46]. Este cons-

---

46. Cf. a principal bibliografia: RONDET, H. *Introduction à l'étude de la théologie du mariage*. Paris: [s.e.], 1969, p. 145-158. • SCHILLEBEECKX, E. *O matrimônio*. Petrópolis: Vozes, 1969 (*Le mariage* I. Paris, 1967). • ADNÈS, P. *Le mariage* (Le mystère chrétien. Théologie sacramentaire, 5). Tournai, 1963, p. 134-156. • VOLK, H. *Das Sakrament der Ehe*. Muenster: [s.e.], 1952. • SCHMAUS, M. *Katholische Dogmatik* IV/I. Muenchen: [s.e.], 1964, p. 617-627. • DOMS, H. "Bissexualidade e matrimônio". *Mysterium Salutis* II/3. Petrópolis: Vozes 1972, p. 142-179. • BOECKLE, F. *Die Ehe als Vollzug der Kirche* (Handbuch der Pastoral-theologie IV). Freiburg: [s.e], 1969, p. 36-44. • GREEVEN, H.; RATZINGER, J.; SCHNACKENBURG, R. & WENDLAND, H.D. *Theologie der Ehe*. Regensburg/Goettingen: [s.e.], 1969. • RAHNER, K. *Die Ehe als Sakrament* (Schriften zur Theologie 8). Einsiedeln:

titui própria e verdadeiramente um sacramento da lei evangélica (DS 1801). Como todo sacramento, também o matrimônio é um sinal que contém em si e realiza aquilo que o sinal significa. O sinal é a realização mesma do matrimônio no nível da união dos consentimentos e dos corpos (*matrimonium ratum et consummatum*). Esse sinal produz o que significa: a união indissolúvel dos esposos. Essa união é por sua vez sinal de uma união mais profunda que vigora entre Cristo e a Igreja. O matrimônio é assim uma imagem do matrimônio de Deus com a humanidade ou de Cristo com a Igreja. Isso constitui a *res et sacramentum* do matrimônio. Finalmente, tanto o sinal externo (*sacramentum*) quanto o sinal interno (*res et sacramentum*) produzem a graça específica do sacramento (*res sacramenti*): a graça de estado que capacita os esposos a viverem de tal forma sua união sacramental que realizem efetivamente a semelhança do mistério Cristo-Igreja. Ademais, a graça de estado os assiste e fortifica nas tarefas, tentações e chances que a vida matrimonial inclui. Esse acervo de afirmações constitui o cerne da teologia clássica do sacramento do matrimônio.

Apesar de seus méritos inegáveis, essa doutrina dificilmente traduz de forma convincente o sentido do sacramento aplicado ao matrimônio. A tarefa da teologia não consiste principalmente em apresentar e defender doutrinas com argumentos cada vez mais refinados. Sua missão essencial reside em pensar radicalmente a realidade religiosa donde surgem todas as doutrinas. O matrimônio forma uma realidade humana tão profunda que não se deixa captar adequadamente nas coordenadas doutrinais de um sistema

---

[s.e.], 1967, p. 519-540. • KASPER, W. *Die Verwirklichung der Kirche in Ehe und Familie. Ueberlegungen zur Sakramentalitaet der Ehe* (Glaube und Geschichte). Mainz: [s.e.], 1970, p. 330-354. • DOS SANTOS, B. *O sentido personalista do matrimônio*. Petrópolis: Vozes, 1969, p. 25-40.

de compreensão. Sendo o matrimônio um *magnum mysterium* (Ef 5,32), a teologia deverá sempre de novo auscultar para além das doutrinas, a fim de surpreender seu caráter de mistério. É nesse nível do mistério que o matrimônio ganha seu caráter sacramental. É também nessa dimensão que pode ser visto como acontecimento da graça e da salvação e como vocação.

Eis que surgem, de imediato, algumas perguntas: O caráter de mistério no matrimônio aparece somente onde se realiza o sacramento, isto é, quando dois batizados se esposam? Ou é uma dimensão de todo matrimônio? Em outras palavras: Só o matrimônio entre batizados é sacramento? Ou a realidade sacramental surge já no próprio matrimônio enquanto realidade terrena e criacional? A realidade sacramental se verifica indivisamente? Ou ela é uma realidade que pode se verificar em vários níveis, imperfeitos e perfeitos, completos e incompletos? Qual é o específico da sacramentalidade cristã completa e plena?

Essas perguntas são levantadas não apenas por um interesse ecumênico com as demais igrejas cristãs e religiões do mundo. A própria realidade do matrimônio, como profundidade antropológica, as sugere, como veremos a seguir.

9.7.2 Novas perspectivas. Que é um sacramento?

Talvez uma reflexão mais radical sobre o que seja um sacramento nos introduza na realidade sacramental de todo matrimônio[47]. Estamos habituados à definição clássi-

---

47. Cf. BOFF, L. *Das sakramentale Denken. Legitimitaet und Grenzen einer sakralen Denkweise* (Die Kirche als Sakrament im Horizont der Welterfahrung). Paderborn: [s.e.], 1972, p. 123-181 (lit.). • SMULDERS, P. "A preliminary remark on Patristic sacramental doctrine. The unity of the Sacramental idea". *Bijdragen* 15 (1954), p. 25-30. • RATZINGER, J. *Die sakramentale Begründung christlicher Existenz*. Freising: [s.e.], 1966. • SCHILLEBEECKX, E. *Christus Sakrament der Gottbegegnung*. Mainz: [s.e.], 1960.

ca de sacramento: sinal eficaz da graça, ou àquela de Santo Agostinho: "Sacramentum est sacrae rei signum" (Epist. 138, 1, PL 33, 527), ou com a concisa formulação do Concílio de Trento: "Sacramento é a forma visível da graça invisível, dotada com o poder de santificar" (DS 1639). Atrás dessas fórmulas rígidas, contudo, se esconde toda uma estrutura de pensar, um modo específico de ver toda a realidade. É um pensar primitivo e selvagem, como o chama C. Lévi-Strauss[48], primitivo não porque, cronologicamente, se situa nas origens do homem, mas porque é primeiro e mais próximo das origens do pensar e do falar. O homem técnico que pensa com sua formalização científica e planeja com computadores é também um homem *sauvage et primitif*. Esse pensar é um pensar em sinais, símbolos e sacramentos. G. van der Leeuw o chama simplesmente de pensar sacramental[49]. Conforme este tipo de pensar, o mundo não é visto como mundo, a coisa não é considerada como coisa, mas como sinais, imagens, símbolos e sacramentos de uma realidade superior. A realidade não é apenas trans-cendente e in-manente, mas também trans-parente.

Ora, esse modo de ver é específico do pensar mítico e teológico. Tudo é visto a partir de Deus. Então tudo se torna transparente e se transfigura em sacramento de Deus. Como dizia Santo Ireneu: diante de Deus não há nada de vazio, mas tudo é sinal (Adv. Haer. 4,21). Esse pensar vigora também no âmbito pessoal. As realidades fundamentais da vida, como espírito, liberdade, amor, amizade, encontro etc., só se expressam adequadamente por símbolos e imagens. Estes tornam presentes as realidades que significam, mas

---

48. Cf. *La pensée sauvage*. Paris: [s.e.], 1962.
49. *Sakramentales Denken*. Kassel: [s.e.], 1959. • *Phäenomenologie der Religion*. 2. ed. Tübingen: [s.e.], 1956, § 52, p. 411-421.

também remetem para além deles mesmos. Todas as coisas profundamente humanas são cercadas de ritos e cerimônias que revelam seu mistério e sua ligação com uma realidade mais profunda.

Há, por exemplo, na vida humana nós existenciais (Knotenpunkte) que são verdadeiros sacramentos. Vêm cercados de ritos que realçam seu caráter de importância e de transcendência dentro da vida. É o nascimento, o casar-se, o ficar doente, a morte, o comer e o beber etc. Nessas situações que nem brotam de sua natureza espiritual, mas biológica, o homem experimenta seu inserimento no mistério da vida. Sente que tem a ver com uma força que o transcende e da qual sempre depende; dá-se conta que ele não cria seu próprio ser, mas que o recebe continuamente do mundo, de um pouco de comida e bebida, de outras pessoas que o constituem na vida e sem as quais perderia todo o fundamento de sua existência. Essas situações vêm carregadas de conteúdo sacramental: a comida é mais que comida. Ela é um sinal que presencializa e comunica uma força que ele não pode manipular e que é maior que a própria comida. Assim a comida constitui um sacramento do Divino e do Eterno que tudo sustenta e penetra e confere razão à existência. As situações essenciais da vida, como o nascer, casar-se, morrer, comer etc., formam os sacramentos fundamentais da criação. Como se nota, trata-se da sublimação de situações elementares da vida, "sublimação porque no sacramento estas situações vitais são vistas a partir de seu último fundamento, a partir do ponto onde elas tocam com o Divino"[50]. Nesses sacramentos funda-

---

50. Id. *Phaenomenologie der Religion*. Op. cit. § 52. • LANGER, S.K. *Philosophie auf neuem Wege. Das Symbol im Denken, im Ritus und in Kunst*. Berlim:

mentais que se situam na potencialização do biológico o homem experimenta sua ligação com Deus. Por isso os cerca com respeito e sacralidade.

Os sacramentos, pois, exprimem uma compreensão simbólica do mundo. Não se nega a consistência e a materialidade das coisas. Mas descobre-se nelas uma dimensão que transcende a análise de seus componentes físico-químicos e que presencializa no mundo e no tempo a realidade do Transcendente e Eterno. O homem é chamado a captar a mensagem divina que lhe advém de toda a realidade. Ele não é apenas um trabalhador e manipulador do mundo; é também aquele ser que pode vislumbrar a transparência do mundo para o seu último fundamento, Deus.

9.7.3 O matrimônio, sacramentum naturale

Entre os nós existenciais (Knotenpunkte), a que nos referíamos acima, ressalta certamente o matrimônio. O conhecido fenomenólogo da religião G. van der Leeuw chegou a escrever: "O mundo primitivo e antigo conhece o matrimônio como sacramento no sentido literal da palavra. Isso significa, portanto, que em determinados casos o matrimônio não tem por finalidade o prazer ou a procriação, mas a salvação que dele dimana"[51]. Em verdade, o matrimônio visto em si mesmo é já um sinal sacramental do amor de duas vidas. Por ele se expressa e se encarna pessoal e socialmente a abertura amorosa do eu para um tu e por ele se realiza e se consagra também o encontro do eu com o tu[52]. O amor humano, porém, considerado em sua radi-

---

[s.e.], 1956, p. 162. • BRO, B. "O homem e os sacramentos. A subestrutura antropológica dos sacramentos cristãos". *Concilium*, jan. 1968, p. 32-47.
51. VAN DER LEEUW, G. *Sakramentales Denken*. Op. cit., p. 152.
52. Cf. RAHNER, K. *Die Ehe als Sakrament*. Op. cit., p. 522. • RONDET, H. *Introduction à l'étude de la théologie du marriage*. Op. cit., p. 146-147. • ADNÈS, P. *Le marriage*. Op. cit., p. 117-121.

calidade, possui uma exigência e uma dimensão transcendentes. No amor o homem faz a experiência da plenitude, da generosa benevolência da con-vivência e do encontro unificador. No entanto, percebe também que o amor pode sempre ser ameaçado pela infidelidade, pela separação e pela morte. Experimenta também que o outro não é a resposta plena e exaustiva aos anseios do coração. O homem suspira por um amor eterno e profundo. Na verdade, o que ele ama não é tanto a outra pessoa, mas o mistério da pessoa, mistério que se revela e se encarna nela, mas que também se vela e se retrai. Ambos, marido e mulher, no matrimônio, sentem-se convocados a se transcenderem mutuamente e a se unirem naquela realidade mais profunda que os supera, que é a resposta de sua busca latente e o princípio de união entre ambos. As religiões chamaram de Deus aquele supremo e inefável mistério que tudo penetra e circunda, em tudo se revela e se vela. O Tu para o qual o homem está aberto radicalmente não é, portanto, o tu humano, mas o Tu divino. Por isso, na profundidade, o homem está esposado por e com Deus. A outra pessoa é o sacramento de Deus: o lugar pessoal da comunicação historial e epocal do amor divino. Um é o sacramento para o outro onde Deus se manifestou como próximo porque experimentado na excelência do amor e ao mesmo tempo como distante, porque velado sob o sacramento.

O amor humano, como transparece, vem sempre suportado e circundado pelo amor divino. Nunca é um amor meramente humano. Por causa de sua vinculação com o Transcendente possui também um aspecto salvífico. Em outras palavras, sempre que no matrimônio acontece verdadeiro amor, aí também se verifica *de fato* graça de Deus que se dá no interior do amor humano, possibilitando esse amor, mantendo-o aberto em sua transcendência e fazendo que, um amando o outro, realize-se a ação salvífica de Deus.

Essa realidade se verifica mesmo quando Deus não é tematicamente articulado e explicitamente invocado no amor humano. A estrutura do próprio matrimônio, quando vivida autenticamente, guarda em si mesma a permanente referência e inclusão de Deus.

Essa dimensão transcendente do matrimônio é insinuada já no relato sacerdotal da criação quando se vê o homem e a mulher (que receberam de Deus o mandato de crescer, multiplicar-se e encher a terra) como imagem e semelhança de Deus (Gn 1,27-28). O matrimônio é uma realidade criacional que é, por sua natureza, sacramental, isto é, remete para o mistério de Deus. Nos profetas a ideia de aliança de amor de Javé com seu povo é figurada pela aliança matrimonial. Javé é o esposo fiel que estabeleceu uma comunidade de amor e fidelidade com Israel. Este adultera e rompe a comunhão (Os 2–3; Jr 3; Ez 16–23; Is 54). Com palavras ternas se professa a fidelidade de Javé que supera as traições humanas: "Amo-te com um amor eterno, Israel, e por isso a ti estendi os meus favores. Reconstruir-te-ei e serás restaurado" (Jr 31,3). Como um desejo profético se exprime também a dimensão escatológica de fidelidade eterna da esposa: "Eis que o Senhor criou uma coisa nova sobre a terra: É a esposa que cerca de cuidados o esposo" (Jr 31,32).

Como conclusão podemos dizer: o matrimônio como ordem criacional possui um caráter sacramental: não exprime apenas a união amorosa entre homem e mulher, exprime também a união amorosa e graciosa de Deus com os homens, como foi bem-visto pelos profetas. Com exatidão teológica deveríamos dizer: o amor de Deus para com os homens possibilita o verdadeiro amor entre homem e mulher. Por isso o matrimônio, por sua raiz última, é inserido na aliança com Deus e se torna assim, de fato, um sacramento permanente que presencializa e comunica o amor, a graça e a salvação de Deus.

9.7.4 O matrimônio natural, "sacramentum christianum"

Se todo matrimônio constitui *per se* um sacramento, em que reside então a especificidade sacramental do matrimônio realizado entre cristãos?

O Concílio de Trento ensinou que o matrimônio foi instituído por Jesus Cristo e não é invenção de homens (DS 1801). Mas não deixou qualquer insinuação sobre o sentido desta afirmação. O Novo Testamento não testemunhou nenhuma palavra ou gesto de Jesus que significasse a instituição deste sacramento na Igreja. A reflexão moderna sobre a sacramentologia[53] deixou bastante claro que para a instituição de um sacramento cristão não se faz imprescindível a instituição material e formal do sacramento. Cristo quis a Igreja como Sacramento primordial de sua presença salvífica e vitoriosa no mundo. Todos os seus gestos possuem caráter sacramental, mormente os sete ritos principais pelos quais ela atualiza a salvação de Cristo, às situações fundamentais da existência humana. Cristo e a Igreja assumiram os sacramentos criacionais que já indicavam uma referência

---

53. Cf. RAHNER, K. *Kirche und Sakramente* (Quaestiones Disputatae 10). 2. ed. Freiburg: [s.e.], 1960, p. 11-22. • SCHILLEBEECKX, E. *Christus Sakrament der Gottbegegnung*. Op. cit., p. 65-95. • BOFF, L. *Die Kirche als Ganzsakrament und ihre sakramentalen und sakramentellen Strukturen* (Die Kirche als Sakrament im Horizont der Welterfahrung). Op. cit., p. 377-399 (lit.).

para Deus e os colocaram numa referência especial com o mistério cristão. De sacramento de Deus passaram a sacramento de Cristo, não tanto porque Cristo mesmo os tivesse instituído, mas antes, porque foram inseridos e conectados com a ação salvífica de Cristo. Desta forma se deve entender a instituição do sacramento por Jesus Cristo.

Esta compreensão se ajusta melhor à atitude do próprio Jesus em face do matrimônio judeu. Ele rompe com a casuística jurídica da época que distorcera a ordem criacional, e apela para a origem divina do matrimônio. Ele não institui algo de novo. Restaura o antigo em sua primitiva originalidade teocêntrica, recordando o texto de Gn 2,24: "O homem deixará seu pai e sua mãe e se unirá à sua mulher, e os dois formarão uma só carne; assim eles já não são dois, mais uma só carne; portanto, não separe o homem o que Deus uniu" (Mt 19,5; Mc 10,1-11; Lc 16,18). Esta tomada de posição, por parte de Cristo, contra a legislação da época não deve por sua vez ser interpretada como nova legislação. Ela possui um conteúdo profético. A indissolubilidade como sinal e como preceito é uma exigência ética – o homem não *deve* dissolver – e não uma realidade intangível e indestrutível: o homem não *pode* dissolver. A dissolução voluntária é pecado e o novo casamento não é mais permitido. Mas não se trata de uma lei intocável. O homem não tem o direito de separar o que Deus uniu, mas isso não impede que ele encontre separado o que Deus uniu, seja por adultério, seja pela morte ou pelos casos dos quais fala 1Cor 7,11. O caráter absoluto do preceito de Cristo é de exigência ética para a qual o homem deve sempre tender e não uma lei jurídica de valia absoluta[54].

---

54. Cf. JOSSUA, J.P. *Fidélité de l'amour et indissolubilité du mariage chrétien* (Divorce et indissolubilité du mariage). Paris: Cerf, 1971, p. 115-116. • SNO-

Mas onde propriamente se situa a especificidade do sacramento cristão? Vimos que Cristo não instituiu um sinal sacramental próprio do matrimônio, mas assumiu o matrimônio assim como estava, recuperando sua primitiva ordem criacional. Cristo não veio propriamente para trazer outro modelo cultural e novas formas de inter-relacionamento entre os homens. Ele deixou o mundo assim como o encontrou, mostrando uma indiferença notável quanto às estruturas sociais, políticas e econômicas de seu tempo. Contudo Ele introduziu um espírito novo e uma ótica diferente de encarar todas as coisas. Assim, como bem o exprimiu São Paulo, o escravo cristão é um liberto do Senhor, e o livre cristão é um escravo de Cristo (cf. 1Cor 7,22). O que Cristo introduziu foi um espírito fraterno com todos os homens e a capacidade nova de transformar as relações humanas de escravo-senhor em relação de irmãos.

De forma semelhante com o matrimônio: o matrimônio cristão é como os demais matrimônios, quanto à sua estrutura e forma de organizar. Mas ele é vivido dentro de um espírito novo. Casar-se, dirá São Paulo, é casar-se no Senhor (1Cor 7,39). Que significa essa expressão? Compreender isto é compreender a especificidade cristã.

Na Epístola aos Efésios (5,21-33) Paulo explicita o significado derradeiro do matrimônio: "Quem ama a sua mulher, ama-se a si mesmo. Ninguém certamente jamais aborrece sua própria carne; ao contrário, cada qual a nutre e dela cuida como também Cristo o faz com sua Igreja, porque somos membros do seu corpo. Por isso o homem deixará pai e mãe e se unirá à sua mulher e serão dois numa

---

EK, J. "A Igreja perante o casamento fracassado". *Revista Eclesiástica Brasileira* 32 (1972), p. 327-353.

só carne. É grande este mistério (este mistério tem um sentido profundo); digo-o em relação a Cristo e à Igreja" (Ef 5,28-32).

Mistério aqui tem por fundo a palavra hebraica *sôdh*, e significa o plano divino latente que, dentro da história, vai se tornando patente. O matrimônio, como união íntima de dois amores, revela à luz de Cristo e da Igreja o seu sentido profundo, diz Paulo. Não significa apenas a união de Deus com a humanidade, como no relato sacerdotal da criação em Gn 1,27, nem somente é figura da aliança de Deus com Israel, mas possui uma última profundidade, revelada com o evento Cristo: expressa a unidade de Cristo com a Igreja, formando um corpo (carne) místico. O texto de Gn 2,24 – sereis uma só carne – tem um sentido mais radical que se refere à unidade de um só corpo com Cristo.

Como observa Schillebeeckx, "nesta visão, misturam-se a criação, a aliança e a redenção. Cristo é o esposo cuja esposa é a Igreja. Cristo, aquele que ama, redime e cuida da Igreja, é apresentado como modelo do marido em sua relação matrimonial com a esposa"[55].

À luz de Cristo o matrimônio como realidade criacional ganha sua última dimensão. Ele estava ordenado a Jesus Cristo. Na natureza existe graça, e graça na natureza. A natureza foi criada por e para Cristo (Cl 1,16). Ele é o primeiro criado e o mediador de toda a criação (Cl 1,15; Jo 1,3). Sempre que o matrimônio criacional é realizado por cristãos, eles o devem ver nessa ótica cristológica, como orientado e penetrado da realidade crística e eclesial.

O sacramento não é, pois, algo acrescentado ao matrimônio. É o matrimônio mesmo quando visto na perspectiva

---

55. SCHILLEBEECKX, E. *O matrimônio*. Op. cit., p. 115.

da fé cristã. Quanto mais for considerado na ótica cristã, tanto mais emergirá como sacramento. A fé, portanto, detecta e revela uma dimensão que estava já presente e latente no matrimônio criacional (Gn 2,24; Ef 5,31-32): agora, com Cristo, ele emerge e se torna patente. Noutras palavras: o matrimônio não se torna somente ação salvífica lá onde ele é pela fé cristã decifrado e identificado como sacramento, mas é sacramento sempre quando vivido na reta ordem criacional de dois numa só carne. Embora não chegue a uma explicitação (ele tende por sua natureza a essa explicitação na fé cristã), nem por isso deixa de ser o meio e o lugar da comunicação salvífica de Deus, de seu amor e sua união com os homens, no vasto âmbito da história e das religiões. Certamente esse sacramento não chegou a sua plena visibilidade, como no cristianismo, mas, se for vivido na reta ordem, ele alcança aquilo que o sacramento completo e pleno no seio da Igreja alcança: a graça e a comunicação de Deus.

A especificidade do matrimônio cristão consiste na plena revelação, em Cristo e na Igreja, do sentido último contido na ordem criada do amor entre os esposos: o amor de Cristo e sua aliança salvadora com a humanidade, especialmente com a porção crente dela, a Igreja. O sacramento chega à sua plenitude quando é realizado no seio da Igreja-Sacramento primordial do Senhor. O próprio sacramento do matrimônio é um momento e uma maneira concreta de realização do Sacramento primordial que é a Igreja. Então o sinal sacramental, por sua participação com a Igreja, comunica *ex opere operato* a graça de Deus que sempre e irrevogavelmente está presente na Igreja.

9.7.5 Sexo, eros e ágape, componentes do sacramento do matrimônio

Se o sacramento do matrimônio é o próprio matrimônio em seu estatuto criacional, então também os componentes criacionais do amor matrimonial são assumidos no sacramento: o sexo e o eros. O eros, como vem decantado vigorosamente no Cântico dos Cânticos, revela como o homem, pela sua própria natureza, sente-se atraído para a mulher e vice-versa. São chamados a formarem uma só carne não só no sentido corporal, mas na fusão dos sentimentos, das ideias e das vidas. O eros revela a transcendência do homem sobre si mesmo e sua abertura para a alteridade pessoal. Essa abertura é sacramento de uma transcendência ainda mais profunda do homem que suspira pelo Absoluto e pelo Divino. O eros dá conta da pobreza e da riqueza humana: da riqueza de poder doar-se no ridente gozo do encontro de dois corações e de duas vidas, da pobreza de quem suspira ser repletado e acolher jovialmente o dom do outro. A vivência da dimensão do eros, no dar e receber amor, permite ao homem vislumbrar o que significa a graça de Deus. O poder dar e receber é dom. Não está em nosso poder conquistar o amor e estabelecer o encontro. Vivemos na gratuidade do dom.

O sexo, que é sempre mais que o genitalismo, exprime o dado fundamental de o ser humano subsistir concretamente no modo de varão e de mulher. Ambos se relacionam não como seres incompletos de tal forma que só na união se completariam, mas não recíprocos um ao outro. Cada qual realiza a seu modo a *humanitas* e revela facetas diferentes do mistério humano, resultando em riqueza de um ao outro. O exercício genital do sexo, segundo o plano de Deus, situa-se sempre num contexto matrimonial e culmina a profunda adesão e união dos esposos em todas as dimensões da vida e que agora se completa até na corporalidade.

O *ágape* não é uma realidade extrínseca ao matrimônio nem contraposta ao eros. O ágape, como um "unir-se em Cristo" (1Cor 7,39), significa poder viver a própria união conjugal em sua última radicalidade como expressão do amor de Cristo aos homens: "Maridos, amai vossas mulheres como Cristo amou a Igreja e por ela se entregou" (Ef 5,25). Cristo, portanto, torna-se presente, no estado matrimonial e nas relações conjugais. Estas podem permanecer dentro do padrão cultural e social de comportamento vigente, mas através do ágape (unir-se no Senhor) são transformadas interiormente: elas são vistas como forma de presença da graça no mundo. "Como a aliança sem a criação é vazia, assim o ágape sem o eros é inumano"[56].

O matrimônio como realidade terrestre sacramental participa da ambiguidade de toda condição humana sob o pecado. É amor, mas também domínio. É entrega, mas também instinto de poder. É dom, mas simultaneamente egoísmo. Concretamente, o amor conjugal é vivido dentro da carga psicológica herdada e acumulada desde a mais tenra infância, com as frustrações e os pecados pessoais que impedem ou dificultam a limpidez da visão e da vivência desse *mysterium magnum*. Por isso o sacramento do matrimônio está mais do que outros sacramentos sob a vigência da cruz de Cristo. Daí, o ágape que se expressa na vida conjugal assume o caráter de medicina para as feridas humanas e força revitalizadora do sentido latente do matrimônio, como sacramento da união de Cristo com a humanidade.

---

56. RATZINGER, J. *Zur Theologie der Ehe* (Theologie der Ehe). Op. cit., p. 81-115, aqui p. 102.

Em consequência disto, o amor entre homem e mulher deve sempre e constantemente ser purificado de egoísmo e de toda a vontade de poder. O sacramento do matrimônio é, na verdade, um sacramento permanente que se atualiza ao longo da vida dos esposos, e não um momento que marca o início da vida conjugal.

9.7.6 O matrimônio como a "ecclesia domestica"

Destas reflexões resulta claro: quando dois batizados validamente contraem matrimônio, recebem *ipso facto* o sacramento. O amor que os une não é apenas símbolo do amor de Cristo e da Igreja. Visibilizam e realizam já esse amor, pois, como batizados, concorrem para a constituição da realidade da Igreja. Por um lado constituem a Igreja, são a *ecclesia domestica*, como ensina a *Lumen Gentium* n. 11; por outro, são manifestações da Igreja que os carrega em seu seio. A Igreja está presente no sacramento do matrimônio, não pelo ministro sacro, mas pelos próprios contraentes. O ministro sacro completa o sacramento, enquanto ele é o ministro do rito litúrgico através do qual o sinal implícito no matrimônio é explicitado no horizonte da profissão de fé e da forma jurídico-canônica na qual se exprime o consenso. A forma jurídico-canônica pertence ao sacramento *pleno*, no sentido de que o matrimônio nunca é assunto meramente privado ou do amor eu-tu, mas sempre envolve uma dimensão social e por sua natureza está orientado para o direito e a ordem na sociedade.

Assim como a Igreja-Sacramento universal conhece vários graus de realização e de explicitação, desde os ateus de boa vontade (LG 16) até os cristãos católicos na graça santificante, de forma semelhante o sacramento do matrimônio exprime seu caráter sacramental de muitas maneiras, de formas imperfeitas, mas reais, nas civilizações e religiões do mundo, até a forma completa e perfeita no seio da Igreja.

Essa perspectiva nos obriga a ver com olhos de fé não apenas o matrimônio cristão, mas todo o matrimônio validamente realizado; ele é sempre um sinal do Transcendente e a realização incompleta do mistério de Cristo e da Igreja a tender para uma explicitação cada vez maior de sua enteléquia religiosa e cristã interior.

9.7.7 Amor e fecundidade responsável

Até aqui refletimos sobre o amor como o encontro de duas doações que realizam sua máxima expressão no amor sexual-marital. Contudo esse mútuo dar-se que deve representar a intimidade do amor de Deus para com os homens não deve se transformar num egoísmo a dois. Homem e mulher estão verdadeiramente unidos entre si, se, além de um olhar para outro, juntos olharem para Deus. Mas não só. Devem olhar também para aquilo que se segue, naturalmente, de seu amor na expressão sexual-marital: os filhos. Como acentuava excelentemente a encíclica *Humanae Vitae*: "O amor conjugal não se esgota na comunhão entre os cônjuges, mas está destinado a continuar, suscitando novas vidas". A doação de cada qual implica a doação mútua para o filho e de sua aceitação. Assim o matrimônio não está apenas aberto para cima, para Deus, mas também aberto para fora, para os filhos. O futuro em termos de gerações humanas é dependente do matrimônio. Por isso o matrimônio é a matriz da promessa e da esperança, como foi visto muito bem pelo Antigo Testamento.

Isso, porém, não significa que a abertura para o filho seja regida por leis mecânicas de fisiologia e da lei natural entendida no sentido da física. A lei natural no homem implica a liberdade e o espírito e por conseguinte há nela uma dimensão histórica e imponderável. Por isso é assente e por ninguém contestável que pertence ao matrimônio verdadeiramente humano o imperativo de um *racional e responsável* controle dos nascimentos. Não significa que filhos sejam rechaçados, mas que a fecundidade do amor esteja sujeita à responsabilidade do espírito e não à mecânica de leis fisiológicas. O homem como pessoa deve encaminhar para um projeto humano bom e responsável os dinamismos de sua infraestrutura fisiológica e "natural".

A discussão dentro da moral católica não afeta a conveniência e até a necessidade de controlar a fecundidade do amor. Isso é assente e indiscutível. A discussão se situa em torno dos meios a serem usados: se continência periódica, se o uso dos contraceptivos, respeitada a santidade e a dignidade do matrimônio e das pessoas. Sabemos que a encíclica papal *Humanae Vitae* (25 de julho de 1968), superando a visão jurídico-procriativa do Direito Canônico acerca do sentido do amor conjugal e assumindo decisivamente uma perspectiva profundamente personalista, apresenta no tocante à paternidade responsável uma solução restritiva. Afirma por um lado a legitimidade de consciência "de se evitar temporariamente, ou mesmo por um tempo indeterminado, um novo nascimento" (n. 11). Mas isso só é moralmente bom quando se respeitam "os ritmos naturais de fecundidade" (n. 11). Na verdade, diz a encíclica, "Deus dispôs com sabedoria leis e ritmos naturais de fecundidade, que por si mesmos distanciam o suceder-se dos nascimentos" (n.12). Estes ritmos estão inscritos "no próprio ser do homem e da mulher" (n. 12), e "traduzem os desígnios estabelecidos pelo Criador" (n. 13).

A discussão teológica[57], levada a efeito não somente por competentes moralistas, mas por episcopados nacionais como o da Bélgica, Holanda, França e Alemanha e outros, mostrou que os argumentos de sustentação da encíclica se filiam a uma concepção não bíblica, mas estoica da lei natural, entendida de modo fixista e materialista. Destarte processos biológicos e forças cegas da natureza são instaurados como normas e princípios morais. O homem surge não como sujeito com a vocação de dominar e racionalizar estas forças dentro de um projeto de hominização responsável, como refletimos anteriormente, mas como objeto e dominado em frente destes processos[58].

Como ponderava muito bem a Pontifícia Comissão para o Estudo da Natalidade "a verdadeira oposição não deve ser procurada entre uma conformidade material aos processos fisiológicos da natureza e uma intervenção artificial; com efeito, é próprio da natureza humana servir-se da técnica para submeter os dados da natureza física ao domínio do homem. Deve-se, ao contrário, procurar a oposição verdadeira entre um modo de ação contraceptiva oposto a uma verdadeira fecundidade prudente e generosa, e um modo de ação regulamentadora na ordem da fecundidade responsável que leva em conta a educação e todos os valores essenciais humanos e cristãos"[59].

---

57. A bibliografia é imensa acerca do assunto. Apenas alguns títulos: CHARBONNEAU, P. E. *Humanae Vitae e liberdade de consciência*. São Paulo: Herder, 1969. Todo o número de maio de 1968 da revista *Vozes*: "Direitos do sexo e do matrimônio". IDO-C. Petrópolis: Vozes, 1972. • DOS SANTOS, B. *O sentido personalista do matrimônio*. 2. ed. Petrópolis: Vozes, 1972, p. 48-62.
58. Cf. DOS SANTOS, B. "Lei natural e Magistério". *REB* 31 (1971), p. 273-283. • PESCHKE, K. *Naturrecht in der Kontroverse* (Otto Müller). Salzburg: [s.e.], 1965. • VV.AA. *Das Naturrecht im Disput*. Düsseldorf: [s.e.], 1965. • VV.AA. *La legge naturale – Storicizzazione delle instanze della legge naturale*. Bologna: [s.e.], 1970.
59. Publicado na revista *Limiar* de janeiro de 1968, 158.

Ademais preside à encíclica um conceito fisiológico de transmissão da vida que não se esgota simplesmente numa geração biológica de um ser humano. A transmissão da vida implica também o tempo (certamente mais difícil e cheio de responsabilidade conjugal) após o nascimento com a educação e o amparo de toda ordem de valores que formarão a vida do filho. "Dentro desta perspectiva", diz-nos o reconhecido especialista brasileiro Beni dos Santos, "uma continência que colocasse em perigo valores essenciais do matrimônio (harmonia, fidelidade, amor dos esposos) não seria um ato aberto à transmissão da vida no sentido acima exposto. Tal continência tornaria os esposos instrumentos menos aptos a colaborar com Deus na obra da procriação. A continência em si mesma não é uma virtude e até pode ser uma falta contra a castidade matrimonial que é uma virtude positiva. Consiste ela em usar da sexualidade como expressão do amor, carinho, como um meio de consolidar a união dos esposos... Os pais estão gerando, estão transmitindo a vida, no sentido mais alto do termo, quando colocam os filhos num ambiente de amor e felicidade. Ora, ninguém pode ignorar hoje a importância do ato conjugal para a formação deste ambiente". O Concílio Vaticano II o afirma claramente: "os atos conjugais são elementos e sinais específicos da amizade conjugal" (GS 49/359)[60].

A Encíclica, por sua definição e natureza, não é um documento que empenha a infalibilidade e a irreformabilidade dos pronunciamentos do Magistério. Por isso seu conteúdo pode ser discutível e também reformável. Na história da Igreja, ensinamentos do Magistério oficial sobre

---

60. DOS SANTOS, B. *O sentido personalista do matrimônio*, p. 55-56.

a liberdade religiosa, a liberdade de consciência, sobre a democracia e outros que tinham sido condenados, foram depois reformados e assumidos. A encíclica não pode pretender substituir a consciência dos fiéis que, como vimos, é a última instância da responsabilidade ética. Os ensinamentos devem ser tomados em conta pelos fiéis, estes devem formar e informar sua consciência tendo também em vista a alta autoridade religiosa da qual promanam. Contudo, e isso foi realçado pelo Episcopado Belga, "pode acontecer que certos fiéis, devido a circunstâncias particulares que se apresentam a eles, julguem-se sinceramente na impossibilidade de se adaptar a estas prescrições. Neste caso, a Igreja lhes pode procurar, com lealdade, a maneira de agir que lhes permita adaptar sua conduta às normas dadas. E se não conseguirem, não se julguem por causa disso separados do amor de Deus"[61].

O assunto é por demais grave, pessoal e carregado de responsabilidades sociais para se entregar sua solução somente a uma pessoa, o papa, por mais qualificada que seja, considerando-se ainda o fato de que, podendo, não quis empenhar sua máxima e infalível autoridade.

Os esposos são convocados a seguir sua consciência, pois, "pela fidelidade à própria consciência", nos ensina o Vaticano II, "os cristãos se unem aos outros homens na busca da verdade e na solução justa de inúmeros problemas morais que se apresentam, tanto na vida individual como social (GS 16/248).

---

61. Cf. *Vozes* 62 (1968), p. 1.022.

9.8 A vida religiosa: símbolo do amor de Deus para com os homens no mundo futuro

Se o matrimônio pode e também deve ser visto como símbolo do amor de Deus para com os homens neste mundo, a vida religiosa pode ser contemplada como o sacramento do amor de Deus para com os homens no mundo futuro. A vida religiosa se concentra sobre Deus; faz de Deus *como Deus* o projeto fundamental de sua existência. É um amor radical para com o Absoluto e por isso pretende viver daquela vida que constituirá o Reino de Deus escatológico, onde Deus será tudo em todas as coisas. O símbolo histórico disto, embora não necessário para a vida religiosa, é a castidade e a virgindade. Por elas se presencializa a situação definitiva do homem no Reino, vivida já agora dentro da forma precária e ambígua do Reino na terra. Na linha do sinal escatológico, a virgindade e castidade, assumidas por causa do Reino de Deus, falam mais do que o matrimônio. É nesse sentido também que deve ser entendida a frase do Concílio de Trento de que a virgindade é "melius et beatius" que o matrimônio (DS 1810). Não se diz que o celibato, em si mesmo, faça a pessoa melhor ou mais feliz. Isso depende da vocação de cada qual ou para a castidade ou para o matrimônio. Onde realiza sua vocação, lá o homem é melhor e mais feliz e isto pode bem ser no matrimônio. Contudo, na linha do sinal do mundo futuro, fala mais o estado virginal que o estado matrimonial, porque exprime de maneira mais radical e direta a vida futura, onde sangue e carne, matrimônio e ligações de parentesco, terão já passado (Mt 22,30).

Contudo o que faz a essência da vida religiosa não reside na virgindade ou em qualquer outro voto. Eles podem ser a expressão de algo mais profundo e fundamental: a experiência de Deus. Enquanto tal, a vida religiosa revela uma dimensão antropológica muito vasta que foi diferentemente articulada nas várias civilizações e religiões do mundo. Talvez um rápido olhar sobre a vida religiosa como fenômeno universal ressaltará dimensões iluminadoras para a presente crise de sentido da vida religiosa dentro da Igreja.

9.8.1 A *vida religiosa como fenômeno universal das religiões*

9.8.1.1 A vida religiosa como fenômeno na Igreja Católica

Desde cedo na Igreja surgiu o fenômeno da vida religiosa como busca exclusiva de Deus. Conhecidos são os anacoretas do deserto e seu desenvolvimento no cenobismo e nas grandes ordens contemplativas, ativas e mistas que subsistem até hoje. A história da Igreja no Ocidente e no Oriente é em grande parte a história da vida religiosa. Por mais que se discuta com os métodos da sociologia do conhecimento o surgir deste fenômeno, um elemento determinante está em seu fundamento: o amor de Deus e o amor dos homens[62]. Para viver com exclusividade esse amor foi que homens e mulheres abandonaram e continuam abandonando ainda hoje tudo e passam a viver uma vida consagrada.

A consagração na vida religiosa "que está intimamente radicada na consagração do batismo e a exprime mais plenamente" (PC 5a/1232)[63] significa uma reservação da pessoa, não para viver segregada dos homens, mas para ser mais

---

62. Cf. RANKE-HEINEMANN, Uta. "Die Gottesliebe als ein Motiv fuer die Entstehung des Moenchtums". *MThZ* 8 (1957a), p. 289-294. • LELOIR, L. "Témoignage monastique et présence au monde". *NRTH* 89 (1966), p. 673-692.
63. KLOPPENBURG. "A doutrina do Vaticano II sobre a natureza da vida religiosa". *REB* 30 (1967), p. 59-70, esp. p. 68.

disponível a serviço deles. Consagração implica missão[64].

E desses, apesar da crise reinante, são milhares no mundo católico, nas ordens, congregações e nos institutos seculares, nos mais variados trabalhos e tarefas de contemplação, evangelização, promoção humana e cultivo de valores religiosos em geral. Será que a vida religiosa possui ainda futuro no mundo que se define por si mesmo como secularização e domínio técnico e racional da realidade? Que experiência originária está na raiz da vida religiosa? Como ela é captada e tematizada hoje? Responder a isso é já situar seu sentido profundo e ganhar um critério com o qual podemos nos confrontar com a crise presente.

9.8.1.2 A vida religiosa como fenômeno no cristianismo

A vida religiosa não é só uma concretização dentro da Igreja Católica Romana. Ela é um fenômeno também dentro de outras objetivações cristãs. A Igreja Ortodoxa é profundamente marcada pela experiência cenobítica dos mosteiros na Grécia como o do Monte Athos e Meterron e outros tantos na Iugoslávia e Rússia[65]. O mesmo se pode dizer das Igrejas Cristãs Dissidentes na Etiópia, Egito e Síria Oriental entre os maronistas e armênios[66]. Que a vida religiosa não foi esquecida no anglicanismo atestam-no os franciscanos, as clarissas e os beneditinos anglicanos[67]. Embora a tradição protestante mantenha uma reserva crítica ponderável frente à vida monacal e religiosa (cf. o libelo de Lutero *De votis monasticis iudicium*), isso não impediu que

---

64. COMBLIN, J. "A vida religiosa como consagração". *Grande Sinal* (1970), p. 21-30, esp. p. 29-30.
65. Cf. o número de *Irénikon* 34 (1961), p. 217-231; p. 346-392.
66. IZARN, P. "Monachisme en Ethiopie". *Bulletin S. Jean Baptist* 8 (1967), p. 20-30. • MEINARDUS, O.F.A. "Recent development in egyptian monasticism". *Oriens Christianus* 49 (1965), p. 79-89.
67. Cf. MORÁN, A. "Congregaciones religiosas en el anglicanismo". *Manresa* 32 (1960), p. 139-160. • HUNT, L. "Ecumenismo in San Francisco: I francescani anglicani". *Vita Minorum*, nov.-dez. 1965, p. 49-58.

no século XX viesse emergir de forma nitidamente carismática a comunidade religiosa protestante e ecumênica de Taizé com Roger Schütz e Max Thurian, as Irmãs de Maria de Darmstadt na Alemanha[68] e outras.

9.8.1.3 A vida religiosa como fenômeno nas religiões do monoteísmo bíblico

No século IX o islamismo conheceu um florescimento notável da vida religiosa na Tebaida, na Síria, na Arábia e no Egito. Semelhante ao cristianismo surgiram primeiro os anacoretas e depois os cenobitas onde ao lado da mística se cultivava o estudo. Elementos de vida religiosa encontram-se na instituição do profetismo bíblico. Havia escolas de profetas em Gibeia, Rama, Jericó e Gilgal. Os profetas e seus filhos usavam vestes próprias e até uma espécie de tonsura[69]. Mais conhecidos no judaísmo são os essênios e as comunidades de Qumrân perto do Mar Morto. Os manuscritos descobertos em 1947 vieram revelar com que austeridade viviam as várias comunidades sob a mais perfeita observância legal, em comunidade de bens e no celibato[70].

9.8.1.4 A vida religiosa como fenômeno nas religiões do mundo

O estudo das religiões revelou muitos elementos que depois nas grandes religiões se estruturaram em formas concretas de vida religiosa: os ritos de iniciação, a recita-

---

68. Cf. MOOY, S. "Taizé". *Convergência* 3 (1970), p. 14-18. • MALHEI, M. "Redescubrimiento de la vida religiosa comunitaria en el protestantismo". *Teologia y vida* 4 (1963), p. 105-112.
69. Cf. ESTAL, J.M. "Monaquismo en el Islam". *Ciudad de Dios* 173 (1960), p. 560-583. • LECHEVALIER, L. "Le monachisme et l'Islam". *Collectanea Cisterciensia* 29 (1967). • LINDBLOM, J. *Prophecy in Ancient Israel.* Oxford: [s.e.], 1963, p. 66.
70. Cf. o excelente resumo de MUELLER, K. *Sacramentum Mundi IV.* Freiburg i.B.: [s.e.], 1969, p. 1-18, com farta bibliografia.

ção comunitária de determinadas orações, o cultivo da virgindade pelas vestais, por exemplo. De forma, porém, até hoje exemplar se objetivou a vida religiosa no monaquismo na Índia e no budismo. No século VI a.c. na Índia introduziuse com a efervescência dos Upanichades uma nova experiência religiosa. Não era mais a perspectiva vigorosamente terrestre da literatura Rig-Veda, mas a experiência da ilusão cósmica e do vazio da existência que se impunha. O ideal é a absorção do eu individual no eu universal (Atma, Brama). Daí que muitos homens e mulheres abandonavam o mundo e viviam solitários em castidade, absoluta pobreza e ascese, buscando a radical concentração. De início organizavam-se os *bhiskshu* (mendigos) errantes, depois reuniam-se em grandes mosteiros (*ashrams*). Hoje ainda existem milhares de *sadhus, gurus* e *sanyassis*, ascetas e religiosos populares errantes; nos mosteiros-ashrams reinam ainda atualmente castidade absoluta, pobreza extrema e muita meditação. Há congregações religiosas como a de Remarkrischna que se dedicam ao serviço hospitalar e outras, a Siri Vinoba Bhave, fundada em 1959, totalmente entregues à vida contemplativa[71].

O budismo é essencialmente monacal, orientado para a meditação e para a transfiguração (*Zen*). No budismo *Hinayana* (do pequeno veículo), vivido especialmente na Índia, Ceilão, Birmânia, Tailândia, Laos e Camboja, o mosteiro desempenha um papel central com a vida comunitária, meditações, capítulo de culpa, ao lado de trabalho assistencial à população.

No budismo *Mahayana* (do grande veículo) praticado particularmente na China, em Hong-Kong, na Grécia e no

---

71. Cf. LECLERQ, J. "Impressions sur le monachisme en Inde". *Le défi de la vie contemplative*. Paris: [s.e.], 1970, p. 257-277. • LASSIER, S. "Le renoncement en Inde". *Christus* 66 (1970), p. 249-258.

Vietnam, o mosteiro obedece a uma estrutura bem mais rígida, à semelhança de nossas grandes abadias com ofícios divinos a Buda, longas vigílias com meditações, com rigorosa disciplina conventual. A linguagem conventual lembra nosso jargão eclesiático. Fala-se em entrar na congregação e sair dela, em noviciado, fé, heresia, pecado mortal, confissão, perdão e absolvição de pecados[72].

Seria longo refletir acerca da vida religiosa nas religiões do mundo. Um dado, porém, resulta claro desta exposição em todos os sentidos fragmentária: *a vida religiosa é um fenômeno universal das religiões*[73]. Ela não surgiu com o cristianismo. Mas foi encontrada por ele já estabelecida e estruturada. O cristianismo lhe deu uma forma especificamente sua. E aqui cabe lançar a pergunta: Não haverá uma estrutura primária comum, talvez inconsciente, que se realiza em todas as formas de vida religiosa, seja no cristianismo como fora dele?

Evidentemente que cada tipologia concretizará de forma transitória e única essa estrutura fundamental, mas algo uniria a todos numa mesma experiência originária e radical. Não se poderia dizer da vida religiosa aquilo que Santo Agostinho pensava do cristianismo: "O que se chama religião cristã existia já desde os primórdios da raça humana até que Cristo se fez carne (*De vera religione*, 10)"[74]. A vida religiosa seria então, como fenômeno universal das religiões, um indício de plenitude que encontrou no cristia-

---

72. Cf. LECLERQ, J. "Les leçons du monachisme bouddhiste". *Le défi de la vie contemplative*. Op. cit., p. 278-350. • MASSON, J. "Réalités sur-humaines et suprèmes dans le bouddhisme". *Studia Missionalia* 17 (1968), p. 201-202. • ENOMIYA HUGO, M. *Zen-Buddhismus*. Koeln: [s.e.], 1966. • DE LUBAC, H. *Aspects du bouddhisme I; Amida II*. Paris, 1955.
73. Cf. o estudo de CORNÉLIS, E. "Phénomène universel de la vie religieuse". *Lumière et vie* 96 (1970), p. 4-24. • "A vida religiosa na história". *Convergência* 3 (1970), todo o número 24.
74. Cf. para isso as reflexões de MERTON, T. *A via de Chuang Tzu*. Petrópolis: Vozes, 1969, p. 13.

175

nismo a sua lídima expressão. Para aprofundar semelhante ideia seria conveniente fazermos algumas reflexões de ordem antropológico-estrutural.

9.8.2 A estrutura antropológica da vida religiosa

Parece que, a despeito da diversidade de formas nas várias religiões e no cristianismo, a *experiência religiosa* é aquele elemento estrutural e originário que unifica, sem nivelar, todas as manifestações históricas de vida religiosa. Em que consiste a experiência religiosa? Sobre isso há inúmeras teorias e tentativas de elucidação[75]. A seguinte reflexão, entretanto, que foi anteriormente explicitada se nos afigura muito esclarecedora. *Todo homem é um ser aberto à totalidade da realidade.* Ele pergunta não só por isso e por aquilo que vive e experimenta, mas é capaz de colocar uma pergunta radical pela totalidade da realidade. Fazer semelhante pergunta é dimensionar-se religiosamente.

Já o Concílio Vaticano II na Declaração acerca das relações da Igreja com as religiões não cristãs (*Nostra Aetate*) ponderava: "Por meio de religiões diversas procuram os homens uma resposta aos profundos enigmas para a condição humana, que tanto ontem como hoje afligem intimamente os espíritos dos homens, quais sejam:

que é o homem,
qual o sentido e fim de nossa vida,
que é o bem e que é o pecado,
qual a origem dos sofrimentos e qual sua finalidade,

---

75. Cf. os trabalhos clássicos de WACH, J. "Das Wesen der religiösen Erfahrung". *Vergleichende Religionsforschung*. Stuttgart: [s.e.], 1962, p. 53-79. •, VAN DER LEEUW, G. *Phaenomenologie der Religion*. Tübingen: [s.e.], 1956, § 67, p. 522-527. • VERGOTE, A. *Psychologie religieuse*. Bruxelas: [s.e.], 1966, p. 27-94. • *L'homme et la religion*. Fruto de estudos do Secretariado para os não cristãos. Roma: [s.e.], 1968.

qual o caminho para obter a verdadeira felicidade,

que é a morte, o julgamento e retribuição após
a morte,

e, finalmente, que é aquele supremo e inefável mistério que envolve nossa existência,
donde nos originamos e para o qual caminha-
mos (n. 1/1580).

Colocar semelhantes perguntas é fazer uma pergunta
religiosa. Deus é a resposta que as religiões deram ao sentido último que o homem experimenta já na confiança fundamental pré-reflexa na bondade da vida, como já o referimos
longamente no início deste estudo. Deus é "aquele supremo
e inefável mistério que envolve nossa existência", experimentado como a última e derradeira profundidade de todas as
coisas, como aquela realidade incondicional que interessa
a todos.

Todo homem, cedo ou tarde, em sua vida, coloca a pergunta radical pelo sentido da vida e do mundo e responde a
seu modo a ela. Por isso e nesse sentido específico *todo homem
é chamado a exprimir-se religiosamente*. Pertence à sua estrutura
antropológica mais profunda a dimensão religiosa, como foi
visto de modo particularmente lúcido pela escola psicológica de C.G. Jung. Segundo essa psicologia as camadas mais
profundas da psique humana, no seu lado inconsciente, seja
pessoal seja coletivo, são de caráter religioso.

Através dos símbolos, dos ritos, da vida religiosa ins-
titucionalizada e das religiões, os conteúdos desse inconsciente se manifestam na vida consciente e são aí tematiza-
dos e objetivados dentro de um quadro sociocultural[76]. A

---

76. Cf. HOSTIE, R. C.G. *Jung und die Religion*. Freiburg/Munique: [s.e.],
1957, p. 135-201. • JUNG, C.G. *Psychologie westlicher und oestlicher Religion*
(Obras comp. 11). Zurique/Stuttgart: [s.e.], 1963.

experiência originária é uma só em todas as religiões. Somente as interpretações dela, sua forma de expressão cultural e histórica, variam e se tipologizam de caso para caso.

9.8.3 *Tentativa de fixação verbal do fundamento da vida religiosa*

A vida religiosa, segundo essa compreensão, seria a radicalização, a intensificação mais séria, a polarização feita por alguns homens carismáticos, da experiência religiosa que se encontra, como disposição, em todos os homens. Numa palavra: a vida religiosa é a tematização consciente e plena da experiência religiosa humana.

Todos os homens possuem uma disposição religiosa. Mas nem todos fazem da experiência religiosa que vivem o projeto fundamental de suas vidas, do qual e para o qual vivem. Outros, porém, possuem um carisma especial de Deus, de sentirem mais de perto e profundamente as realidades divinas, a necessidade de abertura religiosa para os outros. Fazem disso o núcleo central e orientador de suas vidas. Nisso veem o sentido pleno da existência, das tarefas concretas que irão realizar no mundo dos homens. O cultivo desse espaço interior possui um sentido em si mesmo, como o amor, a amizade, a abnegação pelo outro. Em si não se ordena para algo, ao qual está em função e do qual ganha valor. O religioso, como dizia com propriedade Paulo VI, é um especialista de Deus e dos assuntos religiosos[77].

Numa outra linguagem Tomás de Aquino exprimia o mesmo pensamento ao dizer que a vida religiosa consiste na perfeição da virtude da religião (*Summa Theol.* II/II, q. 186)[78]. Vivendo com mais intensidade o que todos vivem,

---

77. Cf. *Paulo VI e as religiosas*. São Paulo: Paulinas, 1968, p. 87.
78. Cf. COMBLIN, J. "Os fundamentos teológicos da vida religiosa". *REB* 29 (1969), p. 308-352, esp. p. 338 nota 62, onde faz ponderações críticas

isto é, a experiência religiosa, o religioso se capacita a tornar-se um sinal levantado entre os homens de que existe uma dimensão vertical ou de profundidade dentro da realidade humana.

9.8.4 A relevância teológica do fenômeno universal da vida religiosa

O cristão verdadeiramente católico e que interpreta religiosamente toda a realidade não poderá deixar de ver no fenômeno universal da vida religiosa a obra benevolente e salvífica de Deus. Deus ama e se comunica com todos e a todos quer salvar (1Tm 2,4). *Todo homem, por ser imagem e semelhança de Deus*, é a maior revelação de Deus no mundo, como já vimos.

As religiões representam a resposta que os homens deram e dão à proposta salvífica de Deus. Podem conter erros e falsas interpretações da realidade divina e do mistério da existência humana, mas na sua intenção fundamental visam a comunhão com o mistério absoluto e decifrar o sentido de tudo, chamado Deus. Por isso todas as religiões são teologicamente relevantes. Segundo a doutrina do Vaticano II a Igreja está presente nelas, porque há uma *Ecclesia ab Abel iusto* que vai se realizando sempre e lá onde se vive o verdadeiro amor, busca-se a comunhão fraterna com os outros e onde mãos se juntam e joelhos se dobram para a oração e a adoração de Deus verdadeiro escondido sob muitos nomes.

Nesse sentido, segundo o Concílio Vaticano II, a Igreja se constitui como o sacramento universal de salvação (cf. n. 126, 129, 330, 342, 561, 862, 871), que pode realizar-se em

---

dentro de outras coordenadas de pensamento que as nossas, do ponto de vista tomista.

graus cada vez mais perfeitos, desde o ateu de boa-vontade que segue sua consciência (LG 1642) até em sua plenitude no católico em posse do Espírito Santo (n. 1439)[79]. Existe, pois, uma verdadeira Igreja latente, um verdadeiro cristianismo fora do cristianismo sociológico que se constitui quando o homem se abre para o Absoluto pelas religiões e, de forma eminente, quando alguém deixa o *mundo* pela vida religiosa e renuncia a tudo para dedicar-se somente à aventura da busca de Deus nele mesmo e nos outros.

Nessa perspectiva o fenômeno universal da vida religiosa apresenta-se como o sacramento da destinação do homem para o sinal da dimensão transcendente da vida humana e o testemunho da existência de uma realidade superior, Deus, experimentada como presente dentro do homem e ao mesmo tempo como totalmente outra, para a qual vale a pena sacrificar todos os bens da vida atual. Já nesse nível universal a vida religiosa é o símbolo do amor de Deus para com o homem no mundo futuro.

9.9 A raiz fontal da vocação religiosa cristã

A vida religiosa *cristã* é também, como toda a vida religiosa, a tematização da experiência religiosa do homem. Aquilo que cada cristão realiza em sua existência de batizado é levado à maior perfeição pela vida religiosa, nomeadamente pela vivência dos votos evangélicos (PC 5a/1232; LG 44a/117). Assim o religioso é chamado e *pode* constituir-se como um sinal levantado entre os homens que testemunha a presença de Deus na existência humana. O cris-

---

79. Cf. BOFF, L. "Die Kirche als universale sacramentum salutis und die Religionen der Erde". *Die Kirche as Sakrament im Horizont der Welterfahrung*. Paderborn: [s.e.], 1972, p. 426-441.

tianismo encarna e vive a seu modo a experiência religiosa de Deus. Eis *algumas* características fundamentais e típicas da experiência religiosa *cristã*:

9.9.1 A experiência de Deus num homem

A vida religiosa *cristã* não emergiu somente da vivência do Deus transcendente, do Ser ou do Nada, de sentido último de nossa vida, que está para além de tudo, embora se manifeste dentro do horizonte humano. O cristianismo professa que a carne é o gonzo da salvação, na célebre formulação de Tertuliano (*caro cardo salutis*). Deus não temeu a matéria, nem desprezou a condição humana. Em Jesus de Nazaré ele se tornou sensível e palpável. O *logos*, que pervadia toda a realidade e era decifrado como sentido da vida e da história pelos homens, não ficou uma ideia abstrata, mas *se fez carne e armou tenda entre nós* (Jo 1,14).

O específico da experiência cristã reside em experimentar Deus num Homem, Jesus: "Tu (Jesus de Nazaré) és o Cristo, o Filho de Deus vivo" (Mt 16,16). Jesus Cristo, nos ensina a Igreja que crê, "é perfeito em sua divindade e perfeito em sua humanidade, verdadeiramente Deus e verdadeiramente homem". Se tomarmos a sério semelhante afirmação deveremos, então, asseverar que Deus e através do Deus encarnado se vem a saber quem é realmente o homem[80].

Olhando para Jesus Cristo podemos dizer: Não podemos falar de Deus sem ter que falar do homem, nem

---

80. Cf. RAHNER, K. "Zur Theologie der Menschwerdung". *Schriften zur Theologie IV.* Einsiedeln: [s.e.], 1967, p. 137-156. • KERN, W. "Das Christusereignis im Horizont der Welterfahrung". *Mysterium Salutis III/2.* Einsiedeln: [s.e.], 1969, p. 547-603. • PANNENBERG, W. *Grundzuege der Christologie.* Gutersloh: [s.e.], 1969, p. 195-217. • BOFF, L. *Jesus Cristo Libertador.* Petrópolis: Vozes, 1972, p. 193-222.

podemos falar do homem sem ter que falar de Deus. O homem possui uma profundidade divina, assim como Deus uma profundidade humana. Em Jesus "apareceu a bondade e o amor humanitário de Deus" (Tt 3,4). O cristão vive desta fé. O religioso radicaliza e aprofunda esta mesma fé. O sentido dos três votos está na linha desta intensidade. Ele se dimensiona diferentemente nas três relações fundamentais que a existência humana revela: para com o outro, o grande outro (a sociedade) e os bens da terra. Os votos de castidade (diante do outro), de obediência (frente ao grande outro) e de pobreza (diante dos bens da terra) não excluem estas três relações, mas arranja-as de modo diverso de sorte a religá-las e subordiná-las à experiência de Deus em Jesus Cristo.

Porque Deus se revelou num homem deve o cristão e, de forma mais plena, o religioso tentar decifrar a Deus nos outros homens. Por isso o religioso deve ser um propugnador dos valores divinos do homem e um incansável defensor da *humanitas* que foi capaz de ser o receptáculo da *divinitas*.

9.9.2 *"História gravida Christo"*

Se Jesus Cristo é o centro de sua experiência religiosa então constitui o ponto de orientação para interpretar toda a realidade. Aquilo que se aplicava antes somente a Deus vale agora para Ele, Homem-Deus. Por isso tudo é por Ele, para Ele e nele (Cl 1,16b). O homem não é somente imagem e semelhança de Deus (Gn 1,26), mas também imagem de Cristo (Rm 8,29; Cl 1,15). A graça foi graça de Cristo já em Adão. Ele é tudo em todas as coisas, como se diz na Epístola aos Colossenses (3,11). A história na expressão rude de Santo Agostinho é "grávida de Cristo". Ele possui uma dimensão cósmica e enche primeiro sob a forma de Logos, depois como Logos encarnado na nossa condição fraca e ambígua e agora como Logos encarnado, ressuscitado e totalmente transfigurado em sua condição humana[81]. O religioso cristão é convocado a viver com mais profundidade que o simples cristão essa cristianização da realidade, que, pela fé, mostra a descoberto sua última profundidade, lá onde ela toca em Deus.

9.9.3 O cristianismo é a vivência de uma pessoa

Como transparece, o cristianismo, antes que uma doutrina a mais sobre Deus, o homem e o mundo, quer ser a vivência concreta de uma pessoa e a celebração de sua presença atual dentro da história dos homens. Cristo não veio traçar um caminho, revelar uma verdade nem acender uma luz. Apresentou-se Ele mesmo como o caminho, a verdade e a vida. Não como uma via de salvação, mas a salvação mesma. Ele é o Sim e o Amém definitivo de Deus aos homens (cf. 2Cor 1,20). Com Ele já irrompeu o homem novo e futuro que todos ainda esperam (cf. 2Cor 5,17; Ef 2,1g; 4,24; Ap 21,5). O cristão pela fé, pela Igreja, pelo amor fraterno já participa agora dessa novidade existencial. Sente-se sim peregrino e pecador, mas na esperança já liberto e na casa paterna (cf. Rm 8,24), porque "experimentou as forças do século futuro" (Hb 6,5) dentro deste mundo.

O religioso potencia essa experiência e a faz o projeto fundamental de sua vida, isto é, quer viver primeiro essa novidade, antes de qualquer outra tarefa pessoal ou social e

---

81. Cf. BOFF, L. *O evangelho do Cristo cósmico*. Petrópolis: Vozes, 1971, p. 67-28 [com a bibliografia aí citada].

não admitirá concorrentes que lhe possa surgir na forma de engajamentos por demais absorventes. Ele poderá e deverá ser um professor, uma enfermeira, um bom administrador etc. Mas, antes disso, se quiser ser *religioso* cristão ele deverá viver o seu *ser religioso*. Ele deverá ser um *religioso* professor e não um professor religioso.

9.9.4 Princípios e motivos específicos da vida religiosa cristã

A vida religiosa cristã concretiza-se também dentro da estrutura antropológica em que se realizam outras formas de vida religiosa. Nela poderão encontrar-se os mesmos ou semelhantes caminhos como a emissão dos votos, o cultivo dos valores éticos, a oração comunitária e litúrgica, a meditação e a ascese etc. Contudo o religioso cristão fará as coisas que também os outros fazem a partir de uma compreensão diferente. Ele traz motivos novos. Ele será pobre e obediente como outros religiosos de outras religiões. Mas ele será por motivos diferentes. Ele une sua pobreza e obediência à obediência e pobreza de Cristo. Com isso seus atos, que podem ser comuns com os de outras formas de vida religiosa, assumem um outro significado e ganham uma profundidade diferente. Não porque são diferentes, mas porque os motivos do agir são diferentes. Eis alguns motivos típicos da vivência religiosa *cristã*:

9.9.4.1 O horizonte escatológico – O cristão e muito mais o religioso vivem na certeza que com Cristo se deu a última e completa situação de salvação. Não devemos esperar outro salvador da condição humana. O Reino de Deus se realizou já agora de forma plena e total em sua pessoa e em breve se efetuará cosmicamente. O novo mundo está, a partir de Cristo, germinando e fermentando dentro do velho mundo. Sinal precursor do *Novum* que virá foi a Ressurreição de Cristo. A certeza de que o "fim de todas as coisas está próximo" (1Pd 7,1; cf. 1Cor 7,29-34) leva a duas atitudes, tipicamente cristãs como consideramos já: a uma relativização da situação presente e a uma distância crítica frente às realidades deste mundo.

9.9.4.2 O princípio esperança – Com a Ressurreição de Cristo entrou uma esperança[82] nova na humanidade: a certeza de que não a morte, mas a vida foi a última palavra que Deus pronunciou sobre o destino humano (1Cor 15,22.55). Cristo é apenas o primeiro dentre os mortos (1Cor 15,20). Ele é a nossa esperança (1Cor 15,19; 1Tm 1,1). A vida religiosa testemunha esse bem escatológico. A ascese e todo o esforço de interiorização do coração exigido pela vida religiosa estão penetrados desta certeza de que o fim de nossa história está garantido por Cristo e que é na esperança que estamos salvos (Rm 8,24). O religioso é um inimigo do absurdo e testemunha a superabundância do sentido mostrado no destino e na vida de Cristo.

9.9.4.3 A primazia do ágape – O cristianismo se define como a religião do amor[83]. As relações entre Deus e o mundo se regem pelo amor. As do homem para com Deus são também relações de amor. As relações dos homens entre si são e devem ser igualmente de amor. Quem tem o amor tem tudo (cf. Rm 13,10), pois Deus é amor (1Jo 4,17). O amor nunca se acaba (1Cor 13,8), é um princípio constru-

---

82. Cf. a obra famosa de BLOCH, E. *Das Prinzip Hoffnung*. 2 vols. Frankfurt: [s.e.], 1959. • MOLTMANN, J. *Theologie der Hoffnung*. Munique: [s.e.], 1966. • VV.AA *Diskussion ueber die Theologie der Hoffnung*. Munique: [s.e.], 1967. • BOFF, L. *Vida para além da morte*. Petrópolis: Vozes, 1972.
83. Cf. para esta tese o importante estudo de RAHNER, K. "Ueber die Einheit von Naechsten- und Gottesliebe". *Schriften VI*. Einsiedeln: [s.e.], 1965, p. 277-300. • WARNACH, V. *Agape* – Die Liebe als Grundmotiv der nt. Theologie. Düsseldorf: [s.e.], 1951.

tivo na sociedade, pois o *amor constrói* (1Cor 8,1) e constrói o *elo de perfeição* na comunidade (Cl 3,14).

A novidade trazida com o cristianismo reside na afirmação da identidade do amor ao próximo com o amor de Deus. No Evangelho dos cristãos anônimos (Mt 25,3-46) o Filho do Homem se identifica com os irmãos mais pequeninos (v. 40). *Quem não ama seu irmão... não é possível que ame a Deus* (1Jo 4,20). O caminho que leva a Deus passará pelos caminhos dos homens. A vida religiosa, por mais que viva sob o horizonte da escatologia para ser cristã, deverá ser exercida no serviço ao irmão e se comprovará no engajamento em tarefas na cidade dos homens. A vida religiosa cristã como tematização da experiência de Deus humanado e presente agora como Ressuscitado não pode realizar-se sem incluir em seu conteúdo essencial o amor ao próximo.

9.9.4.4 O corpo de Cristo – Os atos de vida religiosa ganham um significado mais profundo quando se sabem feitos dentro do corpo de Cristo[84]. Os agraciados de todo o mundo e os que creem em Jesus formam um organismo e um *Milieu Divin vital*: o corpo de Cristo. Nesse corpo há uma intercomunicação de bens entre os membros: se um membro padece, todos padecem com ele; e se um membro é honrado todos os outros se alegram com ele (1Cor 12,26). Cada ato, além de sua repercussão individual, ganha assim uma dimensão social.

A Igreja é a aparição fenomenológica e a organização visível do corpo de Cristo que pode realizar-se também fora

---

84. BENOIT, P. "Corps, tête et plérôme dans les épîtres de la captivité. *Revue Biblique* 63 (1956), p. 5-44. • ROBINSON, J.A.T. Le corps – Etude sur la théologie de Saint Paul. Lyon: [s.e.], 1966, esp. p. 85-130. • Cf. MENSCHING, G. "Glaube und Nachfolge. Religionsgeschichtliche Gedanken ueber die Religion Jesu". *Gott Mensch*. Vieweg Verlag 1948, p. 171-175.

dos limites sociológicos da Igreja. Mas a Igreja é por excelência o corpo de Cristo (Ef 1,23; 1,18). Quem está no corpo de Cristo, está *em Cristo*, expressão que ocorre 196 vezes no Novo Testamento. *Quem está com Cristo é nova criatura* (2Cor 5,17) e o velho já passou, fez-se um mundo novo (2Cor 5,17). Desde agora o homem vive uma nova situação de salvação e está inserido num organismo de salvação no qual os gestos e os atos ganham sua última profundidade. Os atos são atos como sempre, contudo, relacionados com Cristo, ganham uma nova dimensão. Estabelecem comunhão com todos os homens justos e com Deus. Nessa realidade profunda o escravo é um irmão bem-amado (Fl 1,16) e tanto os filhos como os pais são igualmente membros de Cristo (Ef 6,1). Os religiosos que vivem com fidelidade sua experiência religiosa em suas religiões e escolas e mosteiros são *em Cristo* irmãos unidos pelo mesmo vínculo. Agora não se tem ainda manifestado essa realidade, mas, quando Cristo aparecer, sabemos que seremos semelhantes a Ele (1Jo 3,3 adap.) e que de muitas formas todos refletem a mesma face de Cristo.

9.9.4.5 Seguimento e imitação de Cristo – Se estamos em Cristo, então é natural que busquemos em sua vida e obra o exemplo de nossa conduta e o motivo de nossas atitudes[85]. Pedro diz que Cristo nos deixou um exemplo para que lhe sigamos as pisadas (1Pd 2,21). Paulo nos manda que imitemos a Ele e ao Senhor (1Ts 1,6; 2,14; 1Cor 11,1) e João deixa Jesus dizer: *Eu vos dei o exemplo para que vós também façais*

---

85. HENGEL, M. *Nachfolge und Charisma*. Berlim: [s.e.], 1968. • BETZ, H.D. *Nachfolge und Nachahmung Jesu Cristi em NT*. Tübingen: [s.e.], 1967. • SCHULZ, A. *Nachfolgen und Nachahmen* – Studien ueber das Verhaeltnis der nt. Juengerschaft zur urchristlichen Vorbildethik. Munique: [s.e.], 1962. Bom resumo da obra no livrinho do mesmo autor: *Juenger des Herrn*. Munique: [s.e.], 1964.

como eu fiz (Jo 13,15). O sentido dessa *imitatio Christi* é simples: o cristão deve comportar-se em sua situação existencial semelhantemente como Cristo se comportou na sua.

Assim o escravo injustiçado sofra como Cristo que ultrajado não replicava com injúrias e atormentado não ameaçava (1Pd 2,23). Paulo exorta os dissidentes de Corinto a imitarem a doçura e a mansidão de Cristo (2Cor 10,1); ao esmolar para a comunidade empobrecida de Jerusalém recorda aos coríntios *"o quanto Cristo foi gracioso, que sendo rico (como Deus) se fez pobre"* (2Cor 8,9). Aos filipenses recomenda terem os mesmos sentimentos que Cristo teve: "subsistindo na condição de Deus, despojou-se a si mesmo, tomando a condição de escravo, humilhando-se e feito obediente até à morte de cruz" (cf. Fl 2,5-8).

Não a divindade é aqui o sentido da imitação, mas a humanidade; não o poder e o triunfo, mas a humilhação e a cruz. "Quem quiser me seguir, negue-se a si mesmo, tome sua cruz e siga-me" (Mc 8,34). "Seguidor de Cristo é o mártir ao dar sua vida – o monge ao superar o mundo – o humilde, o pobre e o virtuoso que tomou a humildade, a pobreza e a obediência de Cristo como exemplo"[86]. Imitar a Deus – tema já do Antigo Testamento e de muitas religiões – significa para o cristianismo imitar ao Deus que se humilhou em Jesus Cristo. Estas virtudes o são tanto para o pagão quanto para o cristão. O cristão, contudo, tem um *motivo novo* para praticá-las, porque Cristo Deus-Homem também as praticou.

Há uma forma mais radical de imitação de Cristo que se realiza pelo *seguimento*. Para a tradição sinótica mais antiga seguir Jesus significava viver em comunidade de vida

---

86. VAN DER LEEUW, G. *Phänomenologie der Religion*. Tübingen: [s.e.], 1966, p. 554.

com Ele, participar no anúncio de sua mensagem e compartilhar de seu destino. Jesus prega o Reino de Deus. Reino de Deus significa tanto quanto pregar uma mudança total, global e estrutural das condições do mundo presente com a superação do pecado que nos inimizava de Deus, da dor, do sofrimento, da exploração do homem pelo homem, de todos os inimigos do homem, e afinal da morte. Essa revolução só pode ser trazida por Deus, por isso Cristo prega o *Reino de Deus*. Para ajudar nessa tarefa de anunciar essa boa-nova (Evangelho Mc 1,17 par; 3,4-15 par), que vai irromper em breve e preparar o povo para isso (Mc 6,7.13 par; Lc 9,1-6 par; Lc 10,1-20) Cristo chama discípulos. A esses faz duras exigências:

• *Corte de todas as ligações humanas*: só aquele que renunciar a todas as ligações é apto para ser discípulo e colaborar na preparação do Reino. O chamado de Cristo – e aqui Ele faz reivindicações que só quem possui uma consciência messiânica poderia fazê-lo – rompe com a ordem da criação: deixar pai, mãe, mulher e filhos, renunciar ao sagrado dever de enterrar o pai e de despedir-se (Lc 14,26 e 9,59-62). Que isso após a Ressurreição não foi seguido à risca sabemo-lo de Paulo: "Não temos o direito de nos fazer acompanhar por uma mulher, irmãs, do mesmo modo que os demais apóstolos e os irmãos do Senhor e Kefas?" (1Cor 9,5). Contudo, a exigência de Cristo não conhece abrandamento nenhum.

• *Sacrifício da própria vida*: os logions da Quelle em Lc 14,27; Mt 10,38 e a tradição de Marcos (Mc 8,34; Mt 16,24; Lc 9,23; cf. Jo 12,26) falam de renunciar a si mesmo, tomar sua cruz e seguir Jesus. Essas passagens não refletem uma projeção da Igreja primitiva a partir da crucificação de Jesus, mas devem ser entendidas como expressões fixas da época, tiradas do costume romano de obrigar os condenados a carregarem a parte transversal da cruz para o patíbulo[87]. Quem quiser pois ser discípulo de Jesus deve estar disposto a oferecer sua vida pela mensagem, a viver de tal forma que implicará contestação do mundo circunstante e até a morte violenta. "Quem quiser salvar sua vida perdê-la-á e quem a perde salvá-la-á (Lc 17,33). *Quem quiser seguir Jesus* e viver sua mensagem *terá o mesmo destino que Ele* (Mc 9,35; 10,35-40), pois *"o discípulo não é maior que o mestre"* (Mt 10,24).

• *Renúncia aos bens da terra*: ao discípulo de Jesus engajado na preparação do irromper do Reino se pede a renúncia do círculo onde vivia (Mc 1,18-20 par; Lc 5,11), uma existência insegura, como Filho do Homem, que não sabe onde repousar a cabeça (Lc 6,8-11 par) e ainda pobreza. Cristo não exige nenhum voto de pobreza, mas total entrega ao Reino (Mc 10,12). Lucas tem a tendência de radicalizar o tema da pobreza. É só Ele que diz: *"Ninguém pode ser meu discípulo se não abandonar tudo"* (Lc 14,33). Realmente descreve a vocação dos discípulos como quem abandonou tudo, enquanto os outros evangelistas apenas dizem que deixaram pai, diaristas e o barco (Mc 1,18 par, 20 par; Lc 5,11).

Essas exigências do seguimento foram feitas pelo Cristo histórico a seus colaboradores imediatos. Após a Ressurreição o tema foi traduzido dentro de uma nova situação. Seguir a Cristo será imitar sua vida, estar nele, ligar-se a Ele pela fé, esperança, caridade, pelo Pneuma (1Cor 6,17)

---

87. Cf. DINKLER, E. "Jesuworte vom Kreuztragen". *Neutestamentliche Studien Fuer R. Bultmann*. Berlim: [s.e.], 1954, p. 110-129.

e pelos sacramentos (Rm 6,3s.; 1Cor 11,17-30). Ser discípulo é, a partir de agora, uma categoria de salvação e sinônimo de cristão (At 11,26). Com esse sentido posterior entraram alguns textos na redação final dos evangelhos, onde o chamado de seguimento não é dirigido aos 12, mas a todo o povo (Mc 8,34) e a todos indistintamente (Lc 9,23; 14,26s. par). Esse processo hermenêutico de tradição de chamamento de Jesus, iniciado já na Igreja primitiva, deve ser continuado hoje.

• Seguir a Cristo significa identificar-se com Ele e anunciar aquilo que Ele anunciou, o Reino de Deus que é o sentido absoluto para o nosso mundo manifestado na Ressurreição de Jesus Cristo. Ele é, como dizia Orígenes, a *Autobasileia* e a Igreja não é outra coisa que "o sacramento do Reino dos Céus".

• Seguir a Cristo, pois, é ser testemunha, de um sentido absoluto da história, porque o futuro será o Reino de Deus, onde "a morte não existirá mais, nem haverá luto, nem pranto, nem fadiga porque tudo isso passou" (Ap 21,4).

• Em nome dessa realidade deve-se contestar todas as formas do velho mundo que se fecham a um futuro absoluto. O cristão não poderá aburguesar-se e se contentar com os resultados atingidos, mas porque crê no Reino de Deus mantém-se sempre em processo, humanizando, fraternizando e tornando esse mundo cada vez mais semelhante ao futuro.

• Seguimento de Cristo é uma vida que se norma não pelos cânones estabelecidos a partir do velho homem e de seu mundo, mas a partir da história e destino de Jesus Cristo e de sua vida de amor universal a amigos e inimigos. Em nome do amor contestou e se distanciou criticamente de formas sociais e religiosas de seu tempo, como observância do sábado, das leis da purificação e da organização matrimonial. Sua soberania frente às tradições (ouvistes o que foi dito aos antigos, eu, porém, vos digo...) e sua "nova doutrina" (Mc 1,27) o indispuseram com todas as autoridades existentes, nacionais e estrangeiras. Ele derrubou o muro que separa os homens entre si e trouxe o novo (Ef 2,14-16). Com isso Cristo os "tornou livres" (Gl 5,1), não porém "para servirmos à carne, mas para servirmos os outros no amor" (Gl 5,13).

• Cada cristão é convidado a viver esta novidade de vida. O religioso, porém, compromete-se a viver pública, expressa e tematizadamente sua existência a partir do comportamento de Cristo. Só assim ele *pode* ser um sinal do mundo precursor, porque já no entretempo entre o hoje da fé e a parusia da glória ele optou por pertencer à sociedade celeste (Fl 3,20).

9.9.5 *Maneiras concretas de realização da vocação religiosa cristã*

O que até agora descrevemos constitui a raiz frontal da vocação religiosa cristã. Sem a vivência concreta e consequente de Deus e de Jesus Cristo não há vida religiosa cristã que se sustente e se justifique. Ela se tornaria, na verdade, um martírio inglório. Imperaria o formalismo das fórmulas, dos gestos e dos comportamentos. Seria mais um contrassinal do sentido radical da vida que sua permanente lembrança para os homens. Contudo, essa raiz fontal assume várias expressões concretas.

Primeiramente o religioso, como qualquer outro homem, deve realizar também ele o estatuto fundamental de todo homem, isto é, ele também deverá se esforçar para ser um homem perfeito, relacionando-se como senhor frente à realidade que o envolve, como irmão frente aos outros homens que formam seu mundo humano, como filho em sua vivência de Deus e de Jesus Cristo. Não poderá nem deverá, como tem sucedido frequentemente na história, alienar-se em nenhuma destas relações. Foi e é ainda hoje uma permanente tentação para os religiosos a mentalidade de escapismo frente às tarefas terrestres. Vivem de tal forma sua relação para com Deus e para com a religião que se descuidam de sua inalienável dimensão para com as coisas do mundo dos negócios. O Concílio Vaticano II advertia com palavras severas:

> Afastam-se da verdade os que, sabendo que não temos aqui a cidade permanente, mas buscamos a futura, julgam, por conseguinte, poder negligenciar os seus deveres terrestres, sem perceber que estão obrigados a cumpri-los por causa da própria fé, de acordo com a vocação à qual cada um foi chamado (GS 43/333).

A partir da vivência real de Deus o religioso deverá encarnar-se numa tarefa ou trabalho concreto. É aqui que surgem os mais variegados carismas dos fundadores de ordens, congregações e institutos. Esses carismas e multiplicidade das formas nas quais pode ser vivida a experiência religiosa cristã atestam a encarnação concreta e a realização possível que a vocação pode assumir. Primeiramente deve estar presente o ser-religioso. A partir disso sua expressão dentro de uma ordem ou congregação. Essas ordens ou congregações se distinguem umas das outras por um carisma específico que geralmente é uma tarefa ou trabalho concreto feito dentro da Igreja e do mundo.

Assim há o carisma da contemplação e do cultivo da celebração de Deus. A vida religiosa (que é sempre contemplativa na sua raiz) exprime-se concretamente com uma potencialização deste aspecto. Então surgem dentro do mundo os contemplativos nas abadias e mosteiros. Existe o carisma de serviço aos pobres e associais. O religioso(a) pode encarnar sua vivência de Deus e de Jesus Cristo num serviço concreto aos pobres. Entra então numa congregação que se dedica, especificamente e pelo carisma de seu fundador, aos cuidados dos doentes, dos pobres nas cidades etc. E assim floresce na Igreja uma multiplicidade de trabalhos eclesiais que refletem a riqueza dos dons de Deus e do Espírito.

É nesse contexto que o religioso deve se auscultar e tentar realizar sua vocação terrestre, conforme os dotes pessoais e naturais com os quais foi por Deus galardoado. Irá concretizar sua vocação religiosa (a raiz fontal) numa forma que seja consentânea com sua natureza, formação e aptidões naturais. Então sua vivência religiosa ganhará profundidade e expressão. Sentir-se-á um homem no caminho de integração de tudo que é e possui; diminuirá as possibilidades de neurotização de sua vida, vivendo uma experiência religiosa, dentro de uma concretização histórica (ordem ou congregação) que não o satisfaz radicalmente e não corresponde às suas aptidões naturais.

Geralmente, porém, as ordens e congregações religiosas, e dentro do carisma do fundador, apresentam tanta variedade de tarefas que quase todos os religiosos podem dar, dentro delas, expressão também aos seus dotes humanos. Com isso realizam suas vocações relativas e terrestres a partir de uma vocação transcendental e escatológica, da qual falávamos no início deste trabalho. Embora sejam relativas, as realizações concretas da vocação religiosa não são sem importância. São de extrema importância concreta porque nelas e por elas alcançamos ou perdemos a vocação transcendental e escatológica.

É na fidelidade a uma vocação concreta, a uma tarefa e ao carisma da Ordem e da congregação que revelamos nossa fidelidade à vocação absoluta. Contudo não devemos absolutizar o relativo e pensar: fora desta concretização e desta forma histórica não alcanço a vocação absoluta (céu). Há muitos caminhos. Esses podem variar. Mas cada caminho é sério e importante desde que assumido e compreendido como a forma histórica pela qual o absoluto e transcendente se faz presente e atuante no mundo.

10
Conclusão: no caminho se encontra a chegada

Como deve ter transparecido, nas reflexões acima feitas, o cristianismo não quer ser uma estrutura imposta à vida. Antes, pelo contrário.

• Quer ser a melhor expressão da profundidade da vida.

• Que ela possui um sentido radical.

• Que esse sentido é plenificador do homem e do mundo.

• Que a vida deve ser celebrada porque ela é envolta e toda penetrada pelo mistério inefável de Deus.

• Que Deus não é o ser mais ignoto do homem. Antes, Ele perfaz a atmosfera e o fundamento de tudo o que existe e nós somos.

Por isso Ele é o que mais conhecemos, embora não nos demos conta. Por isso o drama da existência humana é viver alienada da própria raiz. Perdida de sua fonte. O cristão e de forma particular o religioso fazem profissão de viver sempre a partir da fonte, de em tudo o que fazem e em todas as coisas tentar descobrir os sinais da presença de Deus. É uma tarefa a ser realizada permanentemente. E nunca chegamos ao fim dela. Porque estamos ainda a caminho e longe da pátria. Contudo é nesse caminho que já se encontra a chegada. O ponto final não está no termo do caminho, mas em cada passo dado com sinceridade. Aí ele se dá na gratuidade e no dom, embora sob forma imperfeita e transitória. Saborear e celebrar na jovialidade divina o encontro com Deus e com seu Mistério encarnado em Jesus Cristo dentro das vocações terrestres e relativas: eis a essência do ser-cristão e a raiz fontal de toda a vida religiosa cristã.

Livros de Leonardo Boff

1 – *O Evangelho do Cristo Cósmico*. Petrópolis: Vozes, 1971 [Esgotado – Reeditado pela Record (Rio de Janeiro), 2008].

2 – *Jesus Cristo libertador*. 21. ed. Petrópolis: Vozes, 2011.

3 – *Die Kirche als Sakrament im Horizont der Welterfahrung*. Paderborn: Verlag Bonifacius-Druckerei, 1972 [Esgotado].

4 – *A nossa ressurreição na morte*. 11. ed. Petrópolis: Vozes, 2011.

5 – *Vida para além da morte*. 25. ed. Petrópolis: Vozes, 2009.

6 – *O destino do homem e do mundo*. 12. ed. Petrópolis: Vozes, 2011.

7 – *Experimentar Deus*. Petrópolis: Vozes, 2010 [Publicado em 1974 pela Vozes com o título *Atualidade da experiência de Deus* e em 2002 pela Verus com o título atual].

8 – *Os sacramentos da vida e a vida dos sacramentos*. 28. ed. Petrópolis: Vozes, 2011.

9 – *A vida religiosa e a Igreja no processo de libertação*. 2. ed. Petrópolis: Vozes/CNBB, 1975 [Esgotado].

10 – *Graça e experiência humana*. 7. ed. Petrópolis: Vozes, 2011.

11 – *Teologia do cativeiro e da libertação*. Lisboa: Multinova, 1976 [Reeditado pela Vozes, 1998 (6. ed.)].

12 – *Natal*: a humanidade e a jovialidade de nosso Deus. 8. ed. Petrópolis: Vozes, 2009.

13 – *Eclesiogênese* – As comunidades reinventam a Igreja. 3. ed. Petrópolis: Vozes, 1977 [Reeditado pela Record (Rio de Janeiro), 2008].

14 – *Paixão de Cristo, paixão do mundo*. 7. ed. Petrópolis: Vozes, 2011.

15 – *A fé na periferia do mundo*. 5. ed. Petrópolis: Vozes, 1991 [Esgotado].

16 – *Via-sacra da justiça*. 4. ed. Petrópolis: Vozes, 1978 [Esgotado].

17 – *O rosto materno de Deus*. 11. ed. Petrópolis: Vozes, 2011.

18 – *O Pai-nosso* – A oração da libertação integral. 12. ed. Petrópolis: Vozes, 2009.

19 – *Da libertação* – O teológico das libertações sócio-históricas. 4. ed. Petrópolis: Vozes, 1976 [Esgotado].

20 – *O caminhar da Igreja com os oprimidos*. Rio de Janeiro: Codecri, 1980 [Esgotado – Reeditado pela Vozes (Petrópolis), 1998 (2. ed.)].

21 – *A Ave-Maria* – O feminino e o Espírito Santo. 9. ed. Petrópolis: Vozes, 2009.

22 – *Libertar para a comunhão e participação*. Rio de Janeiro: CRB, 1980 [Esgotado].

23 – *Igreja: carisma e poder*. Petrópolis: Vozes, 1981 [Reedição ampliada pela Ática (Rio de Janeiro), 1994, e pela Record (Rio de Janeiro), 2005].

24 – *Crise, oportunidade de crescimento*. Petrópolis: Vozes, 2010 [Publicado em 1981 pela Vozes com o título *Vida segundo o Espírito* e em 2002 pela Verus com o título atual].

25 – *Francisco de Assis*: ternura e vigor. 12. ed. Petrópolis: Vozes, 2009.

26 – *Via-sacra para quem quer viver*. Petrópolis: Vozes, 2011 [Publicado em 1982 pela Vozes com o título *Via-sacra da ressurreição* e em 2003 pela Verus com o título atual].

27 – *Mestre Eckhart*: a mística do ser e do não ter. Petrópolis: Vozes, 1983 [Reedição sob o título de *O livro da Divina Consolação*. Petrópolis: Vozes, 2006 (6. ed.)].

28 – *Ética e ecoespiritualidade*. Petrópolis: Vozes, 2010 [Publicado em 1984 pela Vozes com o título *Do lugar do pobre* e em 2003 pela Verus com o título atual e com o título *Novas formas da Igreja*: o futuro de um povo a caminho].

29 – *Teologia à escuta do povo*. Petrópolis: Vozes, 1984 [Esgotado].

30 – *A cruz nossa de cada dia*. Petrópolis: Vozes, 2011 [Publicado em 1984 pela Vozes com o título *Como pregar a cruz hoje numa sociedade de crucificados* e em 2004 pela Verus com o título atual].

31 – *Teologia da Libertação no debate atual*. Petrópolis: Vozes, 1985 [Esgotado].

32 – *Francisco de Assis* – homem do paraíso. 4. ed. Petrópolis: Vozes, 1999.

33 – *A Trindade, a sociedade e a libertação*. 5. ed. Petrópolis: Vozes, 1999.

34 – *E a Igreja se fez povo*. Petrópolis: Vozes, 1986 [Reedição pela Verus (Campinas), 2004, sob o título de *Ética e ecoespiritualidade* (2. ed.), e Novas formas da Igreja: o futuro de um povo a caminho (2. ed.)].

35 – *Como fazer Teologia da Libertação?* 10. ed. Petrópolis: Vozes, 2010.

36 – *Die befreiende Botschaft*. Friburgo: Herder, 1987.

37 – *A Santíssima Trindade é a melhor comunidade*. 11. ed. Petrópolis: Vozes, 2009.

38 – *Nova evangelização*: a perspectiva dos pobres. 4. ed. Petrópolis: Vozes, 1991 [Esgotado].

39 – *La misión del teólogo en la Iglesia*. Estella: Verbo Divino, 1991.

40 – *Seleção de textos espirituais*. Petrópolis: Vozes, 1991 [Esgotado].

41 – *Seleção de textos militantes*. Petrópolis: Vozes, 1991 [Esgotado].

42 – *Con la libertad del Evangelio*. Madri: Nueva Utopia, 1991.

43 – *América Latina*: da conquista à nova evangelização. São Paulo: Ática, 1992.

44 – *Ecologia, mundialização e espiritualidade*. 2. ed. São Paulo: Ática, 1993 [Reedição pela Record (Rio de Janeiro), 2008].

45 – *Mística e espiritualidade* (com Frei Betto). 4. ed. Rio de Janeiro: Rocco, 1994 [Reedição revista e ampliada pela Garamond (Rio de Janeiro), 2005 (6. ed.) e reedição pela Vozes (Petrópolis), 2010].

46 – *Nova era*: a emergência da consciência planetária. 2. ed. São Paulo: Ática, 1994 [Reedição pela Sextante (Rio de Janeiro), 2003, sob o título de *Civilização planetária*: desafios à sociedade e ao cristianismo].

47 – *Je m'explique*. Paris: Desclée de Brouwer, 1994.

48 – *Ecologia* – Grito da terra, grito dos pobres. 3. ed. São Paulo: Ática, 1995 [Reedição pela Sextante (Rio de Janeiro), 2004].

49 – *Princípio Terra* – A volta à Terra como pátria comum. São Paulo: Ática, 1995 [Esgotado].

50 – (org.) *Igreja*: entre norte e sul. São Paulo: Ática, 1995 [Esgotado].

51 – *A Teologia da Libertação*: balanços e perspectivas (com José Ramos Regidor e Clodovis Boff). São Paulo: Ática, 1996 [Esgotado].

52 – *Brasa sob cinzas*. 5. ed. Rio de Janeiro: Record, 1996.

53 – *A águia e a galinha*: uma metáfora da condição humana. 48. ed. Petrópolis: Vozes, 2010.

54 – *Espírito na saúde* (com Jean-Yves Leloup, Pierre Weil, Roberto Crema). 7. ed. Petrópolis: Vozes, 2008.

55 – *Os terapeutas do deserto* – De Fílon de Alexandria e Francisco de Assis a Graf Dürckheim (com Jean-Yves Leloup). 13. ed. Petrópolis: Vozes, 2010.

56 – *O despertar da águia*: o dia-bólico e o sim-bólico na construção da realidade. 22. ed. Petrópolis: Vozes 2010.

57 – *Das Prinzip Mitgefühl* – Texte für eine bessere Zukunft. Friburgo: Herder, 1998.

58 – *Saber cuidar* – Ética do humano, compaixão pela terra. 17. ed. Petrópolis: Vozes, 2011.

59 – *Ética da vida*. 3. ed. Brasília: Letraviva, 1999 [Reedição pela Sextante (Rio de Janeiro), 2005, e pela Record (Rio de Janeiro), 2009].

60 – *A oração de São Francisco*: uma mensagem de paz para o mundo atual. 9. ed. Rio de Janeiro: Sextante, 1999 [Reedição pela Vozes (Petrópolis), 2009].

61 – *Depois de 500 anos*: que Brasil queremos? 3. ed. Petrópolis: Vozes, 2003 [Esgotado].

62 – *Voz do arco-íris*. 2. ed. Brasília: Letraviva, 2000 [Reedição pela Sextante (Rio de Janeiro), 2004].

63 – *Tempo de transcendência* – O ser humano como um projeto infinito. 4. ed. Rio de Janeiro: Sextante, 2000 [Reedição pela Vozes (Petrópolis), 2009].

64 – *Ethos mundial* – Consenso mínimo entre os humanos. 2. ed. Brasília: Letraviva, 2000 [Reedição pela Sextante (Rio de Janeiro), 2003 (2. ed.)].

65 – *Espiritualidade* – Um caminho de transformação. 3. ed. Rio de Janeiro: Sextante, 2001.

66 – *Princípio de compaixão e cuidado* (em colaboração com Werner Müller). 4. ed. Petrópolis: Vozes, 2009.

67 – *Globalização*: desafios socioeconômicos, éticos e educativos. 3. ed. Petrópolis: Vozes, 2002 [Esgotado].

68 – *O casamento entre o céu e a terra* – Contos dos povos indígenas do Brasil. Rio de Janeiro: Salamandra, 2001.

69 – *Fundamentalismo*: a globalização e o futuro da humanidade. Rio de Janeiro: Sextante, 2002 [Esgotado].

70 – (com Rose Marie Muraro) *Feminino e masculino*: uma nova consciência para o encontro das diferenças. 5. ed. Rio de Janeiro: Sextante, 2002 [Reedição pela Record (Rio de Janeiro), 2010].

71 – *Do iceberg à arca de Noé*: o nascimento de uma ética planetária. 2. ed. Rio de Janeiro: Garamond, 2002 [Reedição pela Mar de Ideias (Rio de Janeiro), 2010].

72 – (com Marco Antônio Miranda) *Terra América*: imagens. Rio de Janeiro: Sextante, 2003 [Esgotado].

73 – *Ética e moral*: a busca dos fundamentos. 6. ed. Petrópolis: Vozes, 2010.

74 – *O Senhor é meu Pastor*: consolo divino para o desamparo humano. 3. ed. Rio de Janeiro: Sextante, 2004 [Reedição pela Vozes (Petrópolis), 2010 (2. ed.)].

75 – *Responder florindo*. Rio de Janeiro: Garamond, 2004 [Reedição pela Mar de Ideias (Rio de Janeiro), 2012].

76 – *São José*: a personificação do Pai. 2. ed. Campinas: Verus, 2005 [Reedição pela Vozes (Petrópolis), 2011].

77 – *Virtudes para um outro mundo possível* – Vol. I: Hospitalidade: direito e dever de todos. Petrópolis: Vozes, 2005.

78 – *Virtudes para um outro mundo possível* – Vol. II: Convivência, respeito e tolerância. Petrópolis: Vozes, 2006.

79 – *Virtudes para um outro mundo possível* – Vol. III: Comer e beber juntos e viver em paz. Petrópolis: Vozes, 2006.

80 – *A força da ternura* – Pensamentos para um mundo igualitário, solidário, pleno e amoroso. 3. ed. Rio de Janeiro: Sextante, 2006.

81 – *Ovo da esperança*: o sentido da Festa da Páscoa. Rio de Janeiro: Mar de Ideias, 2007.

82 – (com Lúcia Ribeiro) *Masculino, feminino*: experiências vividas. Rio de Janeiro: Record, 2007.

83 – *Sol da esperança* – Natal: histórias, poesias e símbolos. Rio de Janeiro: Mar de Ideias, 2007.

84 – *Homem*: satã ou anjo bom. Rio de Janeiro: Record, 2008.

85 – (com José Roberto Scolforo) *Mundo eucalipto*. Rio de Janeiro: Mar de Ideias, 2008.

86 – *Opção Terra*. Rio de Janeiro: Record, 2009.

87 – *Fundamentalismo, terrorismo, religião e paz*. Petrópolis: Vozes, 2009.

88 – *Meditação da luz*. 2. ed. Petrópolis: Vozes, 2010.

89 – *Cuidar da Terra, proteger a vida*. Rio de Janeiro: Record, 2010.

90 – *Cristianismo: o mínimo do mínimo*. Petrópolis: Vozes, 2011.

91 – *El planeta Tierra: crisis, falsas soluciones, alternativas*. Madri: Nueva Utopia, 2011.

92 – (com Marie Hathaway). *O Tao da Libertação* – Explorando a ecologia da transformação. Petrópolis: Vozes, 2011.

93 – *Sustentabilidade*: O que é – O que não é. Petrópolis: Vozes, 2012.

Dê um livro de presente!

www.vozes.com.br
vendas@vozes.com.br

CULTURAL

Administração
Antropologia
Biografias
Comunicação
Dinâmicas e Jogos
Ecologia e Meio Ambiente
Educação e Pedagogia
Filosofia
História
Letras e Literatura
Obras de referência
Política
Psicologia
Saúde e Nutrição
Serviço Social e Trabalho
Sociologia

CATEQUÉTICO PASTORAL

Catequese
Geral
Crisma
Primeira Eucaristia

Pastoral
Geral
Sacramental
Familiar
Social
Ensino Religioso Escolar

TEOLÓGICO ESPIRITUAL

Biografias
Devocionários
Espiritualidade e Mística
Espiritualidade Mariana
Franciscanismo
Autoconhecimento
Liturgia
Obras de referência
Sagrada Escritura e Livros Apócrifos

Teologia
Bíblica
Histórica
Prática
Sistemática

REVISTAS

Concilium
Estudos Bíblicos
Grande Sinal
REB (Revista Eclesiástica Brasileira)
SEDOC (Serviço de Documentação)

VOZES NOBILIS

Uma linha editorial especial, com importantes autores, alto valor agregado e qualidade superior.

PRODUTOS SAZONAIS

Folhinha do Sagrado Coração de Jesus
Calendário de Mesa do Sagrado Coração de Jesus
Folhinha do Sagrado Coração de Jesus (Livro de Bolso)
Agenda do Sagrado Coração de Jesus
Almanaque Santo Antônio
Agendinha
Diário Vozes
Meditações para o dia a dia
Guia do Dizimista
Guia Litúrgico

VOZES DE BOLSO

Obras clássicas de Ciências Humanas em formato de bolso.

CADASTRE-SE
www.vozes.com.br

EDITORA VOZES LTDA.
Rua Frei Luís, 100 – Centro – Cep 25689-900 – Petrópolis, RJ – Tel.: (24) 2233-9000 – Fax: (24) 2231-4816
E-mail: vendas@vozes.com.br

UNIDADES NO BRASIL: Aparecida, SP – Belo Horizonte, MG – Boa Vista, RR – Brasília, DF – Campinas, SP
Campos dos Goytacazes, RJ – Cuiabá, MT – Curitiba, PR – Florianópolis, SC – Fortaleza, CE – Goiânia, GO
Juiz de Fora, MG – Londrina, PR – Manaus, AM – Natal, RN – Petrópolis, RJ – Porto Alegre, RS – Recife, PE
Rio de Janeiro, RJ – Salvador, BA – São Luís, MA – São Paulo, SP
UNIDADE NO EXTERIOR: Lisboa – Portugal